YARUJAN BOOKS 03

社会人1年目からの

やるじゃん。

とりあえず

日経新聞が読める本

UNDERSTANDING THE NIKKEI

山本博幸

Discover
ディスカヴァー

PROLOGUE

あなたは、とあるお菓子メーカーの入社2年目。念願かなって、営業部門から新商品の企画部門に異動になりました。

1年目は、スーパーやコンビニの本部を訪問し、商談するハードな日々。「こんなお菓子があったらいいのに……」と思うことがあっても、なかなか会社に提案できずにいました。

今は、新商品の開発部門。でも、どうすれば提案できるの？

意を決して、隣の席の先輩に相談してみました。

「じゃあ、今度の開発会議で提案してみなよ」

「え？　でも、いいんですか？」

「若手ならではの意見も聞きたいしね。がんばって発表してみて！」

あなたは、過去のプレゼン資料を参考にしつつ、入念に資料を作成。

ついに発表のときを迎えました。

お菓子の説明を終えると、課長から質問が飛んできました。

「ふむ、どういうお菓子かはわかった。で、どれぐらい売れると思う？」

さて、あなたは何と答えますか？

だめじゃん。

たくさん売れると思います。

↓

数字ではない「たくさん」という言葉は、何の意味も持たない。

「この『たくさん』ってどれぐらい？」
「えーーーーと、すごく、どかーーーんという感じです」
と答えてしまったら、その時点で企画終了でしょう。

まずは基礎

当社の女性市場向けのお菓子は、だいたい○万個は出荷しています。なので、まずは○万個を目指します。

↓

過去の数字を調べるのは、基本中の基本！

「過去の出荷数を調べたのはいいね。
でも、味も違うし、それだけいけるという根拠は薄いんじゃないの？」

「はい！　もう少し分析します」

やるじゃん。

本商品は、コンビニ限定で勝負したいと思います。全国にコンビニは、いま5万軒ありますから、このお菓子が10個入る特製の販促物を作って、まずは50万個製造します。販売戦略は、……。

と答えられると、「やるじゃん」と言われる確率は上がります。

ここで注目したいのが、課長からの突然の質問に答えるときに、**「日本のコンビニの数は5万軒」**という数字がさらっと出てきているところです。

このように、**誰かに説明したり、何かを伝える際に、数字を使うと説得力が上が**

ります。思い込み、独断にならず、正しい判断ができるようになります。

では、さらっと数字が使えるようになるには、どうすればいいのでしょうか。

難しいことはありません。まずは、押さえておくべき最低限の数字を覚え、どんどんアップデートしていくことです。

押さえておくべき数字も、決して多くありません。

最初は5個や10個に絞り、毎週、日経新聞で見るくせをつけておけば、いつの間にか最新の数値が気になるようになり、自然と身に染み込んでいきます。

「でも、どの数字を覚えればいいの？」

安心してください。そのガイドとなるのが本書です。

はじめに

「経済数字の基本のキ」を身につけよう！

わかりやすいと人気の学者の先生が、テレビやラジオで面白い経済解説をしてくれることがあります。

「なるほど！」と膝を叩くことも多いのですが、30分後に思い出そうとすると、話の筋まで曖昧になってしまったことはありませんか？

また、せっかく、会社の会議で発言できるようにと経済の勉強を意気込んでみたものの、三日坊主で終わった経験はありませんか？

これらは、**基本の基本となる知識が板についていないのが原因です。**

多くの人は、日本経済の大きさも成長率も知らないと思われます。日米の10年国債の利回りもわかりません。原油や金の値段も見当がつかないのです。しかし、金利、為替、貿易収支、失業率などの数字がわからなくては、世の中の流れをつかむことは不可能です。

ではあなたは、基本の基本となる数字を知っていますか？

日本のＧＤＰの大きさを言ってみてください。
失業率、10年国債の利回り、金価格、原油価格を答えてみてください。
日本経済の実質成長率はどのくらいですか？
ＩＭＦが3か月に一度、世界の経済成長率と各国別成長率を公表し、日本でも全国紙が詳細に報道していますが、そのことを知っていますか？

いま、ほとんど知らなかったとしても、心配はいりません。**本書を一読すれば、世界で起きていることが手に取るようにわかるようになります。**

実際の経済社会を理解するには、簡単な拡大鏡が必要だっただけなのです。それも、安価で手に入る簡単なものでOK。それが、この本です。

精密に深く学ぶ必要はありません。一方で顕微鏡や望遠鏡を使うように深く緻密に学びたい方も、**この本をひととおり読むと、日経新聞を読むのがとても楽になります。**

本書では、みなさんが押さえておくと役に立つ数字や用語を21個に厳選して、わかりやすく噛み砕いてお伝えしていきます。

この本はゆっくり読んでも3日です。二度ほど読めば鬼に金棒です。

ですが、経済現象は日々、変化していきます。**この本で覚えた数字は、毎週、日経新聞でチェックして定期的に新しいものにアップデートしましょう。**そうすれば、職場で一目も二目も置かれる存在になるでしょう。

昔、薬師寺の和尚さんからお話を聞いたことがあります。グラフも図表もないのに、頭にどんどん入ってきました。みなさんには、私が薬師寺のお坊さんになったつもりで、これ以上ないほどわかりやすい言葉でお話をしていきます。

興味が出てくれば、原典で経済学や経営学を学びなおしてもよいでしょう。

私は、この方法でたくさんの経済通候補をつくってきました。安心してまかせてください。「わかりやすくて、ためになる、一生使える」が私のモットーです。

パスカルは、「すべてのことは知ることができない。だから、すべてのことを少しずつ知ることだ」という言葉を残しています。

本書も、「すべてのことを少しずつ知る」というスタンスで書きました。

順番は問いません。興味のあるところから、好きに読み進んでください。

その際、１つだけお願いがあります。

ぜひ、各項目ごとに**その周辺の事実に興味を持ってください。**

たとえば、

- □ 過去の数字はどうだったか
- □ 年齢・地域などの属性別に見た数字はどうなのか
- □ 他国の数字はどうなのか

などに思いをめぐらせてほしいのです。

それを習慣にすれば、あなたも一生ものの経済知識が身につき、職場でも一目置かれる経済通になれることでしょう。

※なお、本書の内容は、原則として2016年1月現在です。

CONTENTS

CHAPTER 2

知っていると日本経済が身近になる5つの話

CONTENTS

NUMBER 1 → NUMBER 16

CHAPTER 1

知っていると「やるじゃん」と言われる

基本の経済数字16

NUMBER 1

日本のGDPは何兆円？

みなさんは、自分の体重がいま何kgか言えますか？　最近太ってしまったので、体重計に乗るのが怖いという人もいるかもしれません。

では、「GDP」（国内総生産）とは何のことか知っていますか？　それは1年間に生み出された財・サービスなどの付加価値額の合計のことですが、一言でいうと**「国の体重」**のようなものです。

現在、**わが国のGDPは約500兆円程度です。**日経新聞月曜版に最新のGDPが出ていますが、その数字はちょうど500兆円ではありません。2種類の数字が出ていて、その中間の数字が500兆円程度なのです（83ページ参照）。

2種とは、「実質」と「名目」といわれるものです。「実質」はその名のとおり実額、「名目」とは、一言でいえばインフレ、デフレを考慮したものです。まあ、大ざっぱに言って、日本のGDPは500兆円としましょう。

近々、これを６００兆円にするという話が出ていますね。でも、この四半世紀の間というもの、５００兆円という数字は、実はあまり変わっていません。

このことは何を示しているのでしょうか？

日本経済は健康？　いや、逆です。

つまり、**ずーっと停滞している**ことになりますね。

ところで、ほかの国のＧＤＰはどのくらいの大きさなのでしょうか？

当然、国によって人口はまったく違うので、ＧＤＰの値だけを比べてもあまり意味はありません。このとき、**「1人当たりのＧＤＰ」がどのくらいかを比較すると、その国が豊かか貧しいかがわかります。**

＊ ＧＤＰがプラス＝「成長している」

このＧＤＰは、今から80年以上も前に米国の経済学者クズネッツが考え出したものです。クズネッツは、旧ソ連から米国に移民した経済学者ですが、１９７１年にノーベル賞をとっています。

この数字が前年より大きくなれば、経済は成長している。すなわち、景気がよいといえます。

増加率が高ければ好況ということになりますが、それは比較の問題でもあります。たとえば、みなさんの今の体重が60kgだとします。そして、今後毎年５％増加したら、10年で１００kg、20年で２００kgになってしまいます。

自分の体重が２００kgになったときのことを想像してみてください。このように、先進国は５％も成長すると、遠からず肥満体型になってしまうのです。

一方、中国は少し前まで10％成長を継続していました。この数年、低成長で苦しんでいますが、それでも6、7％程度です。

つまり、先進国はおおむね１～３％で、新興国は５～７％程度成長するのが巡航速度といえるでしょう。

世界全体で見ると、このＧＤＰは毎年３％以上の成長がないと危険なのだそうです。ＩＭＦ（国際通貨基金）によると、現在は３％をやや超えていますので、何とか安心というところですが。

経済ショックが起きると、ＧＤＰはマイナスに転落してしまいます。先進国と新興国の調和のとれた成長があればよいのですが、50年後、１００年後どうなるのか心配だと感じる人も多いでしょう。

そして、世界のＧＤＰが毎年３％強、成長していけば安泰ですが、ジャックと豆の木のような天まで伸びる木が存在しないように、新興国の成長が一巡したら、世界はどうなるのか、考えておく必要はあるでしょう。

日本のGDPを「ドル」で見てみると？

日本ではGDPを円表示としていますが、IMFではドルを使い、1月1日から12月31日までの数値で世界各国を比較しています。

では、日本のGDPをドル建てで見るとどうなるでしょうか？

菅さんや鳩山さんが首相だったころは、日本のGDPは6兆ドル程度でした。

では、安倍さんが首相になった今はどれぐらいだと思いますか？

ちょっと想像してみてください。

景気がよくなってきたと言われているから、7兆ドルぐらいって？？

いいえ、4兆ドル強です。

このことが何を意味しているかというと、国境がなくなりつつある現代社会で、わが国は安倍さんが総理になってから、ドル建てでいえば、経済規模が非常に小さくなっているということです。

1人当たりのGDPも、1990年代には世界第3位だったのが、現在は27位とかなり下がっています（ちなみに、1位は欧州の小国・ルクセンブルクが独走）。

その一方で、**BRICs**（ブラジル、ロシア、インド、中国）などの新興国がこのままのペースで成長すると、先進国全体の市場は新興国の市場総合計よりも小さくなってしまいます。

かつて、日本は世界の人口の2%程度にすぎないのに、経済は世界の10%を占めると自慢していましたが、**現在は世界経済の5%**になりつつあるのです。

＊では、中国、韓国のＧＤＰは？

とにかく、日本の体重ともいうべきＧＤＰのサイズは、現在「５００兆円」だと覚えてください。

では、お隣の中国はどのくらいですか？　韓国はいくらくらいでしょうか？

ぜひ、こういうことを気にする人になってください。

中国は、近年日本のＧＤＰを抜き去ったとニュースになりましたね。その後も６、７％近い成長をしていますし、わが国は逆にゼロ成長に近いですから、中国の経済規模が日本の倍になるのもそう遠くないでしょう。

韓国は、人口が日本の半分以下ですが、ＧＤＰはおおよそ４分の１程度と考えると、大きく間違えることはありません。

韓国、中国以外の国についても、ぜひＧＤＰの規模を類推してみてください。

そのときは、**必ず類推してあなたの数字を出してから、答えを見るようにしましょう。**あなたの数字と現実とのギャップを知ることが大切なのです。

もう1つの基準の「1人当たりGDP」も気にする必要があります。中国の人口は日本の10倍ですから、全体が2倍でもそれほど驚くことではありませんが、1人当たりで見ると、中国は日本の5分の1です（では、韓国は？）。

経済成長の過程では、1人当たりGDPが5千ドル、1万ドルなどの節目で、自動車保有や海外旅行などが盛んになります。

みなさんは知らないと思いますが、日本人も世界中に出かけていって珍事を起こしていた時代があったんですよ。パリのエルメス本店に入って、「ネクタイをここからここまでください」と「爆買い」してニュースになったこともありました。中国は今、ちょうどその段階なのかもしれませんね。

日本の１９６０年代のような10％成長は、もはやあり得ないと考えてよいでしょう。安倍政権は名目ＧＤＰの目標を６００兆円と掲げましたが、拡大の要因に説得力をあまり感じないので心配になってしまいます。

場合によっては、相変わらず５００兆円規模の経済がしばらく続くかもしれません。

というのも、人口学者によると日本の人口は１９００年に４５００万人だったのが、**２１００年の人口も同じ４５００万人程度**だろうというのです。

すなわち、人口だけを見ると、わが国の人口は、１００年かけて3倍になり、また１００年かけて元に戻ることになってしまうのです。

あるいは、５００兆円規模の経済が続いても上出来なのかもしれませんね。

＊「個人消費」がＧＤＰを押し上げる

わが国のＧＤＰは５００兆円程度ですが、その構成要素で最も大きなものは何でしょうか？　それは**「個人消費」で、60％程度もあります。**

このように、わが国では消費が大きいのですが、輸出が特に大きい国、消費が小さい国などいろいろあります。アメリカも消費大国で、直近では70％にもなっているそうです。

このあたりに興味がわいた人は、世界各国のＧＤＰの構成を調べてみてください。

ところで、このところ外国旅行者の話題が尽きませんが、彼らの日本での消費もＧＤＰに寄与しています。２０１５年度は１９００万人が日本を訪れたようですが、１人の旅行者が15～20万円ぐらい使っているそうです。

すなわち、全部で３兆円近い消費がなされることで、消費増税もあって低調なわが国の個人消費の大きな希望となっているのです（2017年4月にはさらなる増税が予定されており、さらなる低迷につながらないか心配です）。

今日のお話はここまで。おさらいですが、GDPは「一国の体重」のようなものです。自分の体重はだいたい覚えていて、増減を気にするように、**わが国のGDPの動きも気にすることが、経済に強くなる第一歩です。**

そして、アメリカや中国、世界全体のサイズやその変化も追うことができれば数字に強いビジネスマンになれるでしょう。

やるじゃん。

CHECK POINT

アメリカや中国、韓国のGDPはどのくらいですか？

NUMBER

2

消費税の徴収額は何兆円？

ちょっと想像してみてください。

自分のお給料がこれからの25年間で2割も下がって、支出が今の1・5倍になったときのことを。

……どうやって生活すればいいんでしょうか？

これ、何の話かというと、今の日本の現状なのです。他人事じゃありませんよ！

今から25年前、お給料＝国税収入の規模は60兆円程度でした。いかにバブルだったかがうかがえますよね。今は50兆円ですから、**この25年で税収は伸びるどころか、20％も減少してしまった**のです。

その間、**支出である国家予算は5割以上増加しています（およそ100兆円）**。

そして、**この25年間にたまりにたまった借金の総額は、1年間の税収の20倍にもなっている**のです。

このように、**経済社会を税の面から見ていくと、また違う風景がくっきり表れてきます。**しかし残念ながら、国民の半分近くを占める５２００万人のサラリーマンは、源泉徴収で税金を取られているためか、納税意識が希薄になってしまっていると私は感じています（あなたはそうならないように！）。

その一方で、この考えを財産形成に応用して天引き預金や、毎月の持ち株投資をしていけば、確実にお金が貯まっていきます。

このように、「天引き」は資産形成の王道ですが、国にとっても、徴税コストが少なく最高の手法なので、決して手放すことはないと想像します。

ところで、サラリーマンの月額の給与から所得税を天引きするというのは、日本特有の制度です。これはいつから始まったのでしょうか？　所得税天引きが始まったいきさつを調べてみるとおもしろいと思いますよ。

＊所得税の徴収額は15兆円

閑話休題。この天引きによって私たちが納める**所得税は、おおよそ50兆円の国税収のうち30％、15兆円を占めています。**

年収2000万円の高給取りのサラリーマンや、家を建てるなどのイベントがあった人は、「**確定申告**」という制度によって納税します（ネット上でもできます）。

＊消費税の徴収額は18兆円

では、残りの35兆円は、どこから徴収したものでしょうか？

近年のスターは、「**消費税**」であることは間違いないでしょう。

ざっと計算して、何兆円ぐらいになるでしょうか？

さて、どう計算しましょうか。すごく粗い議論をすれば、日本のGDP500兆円の60%を占める**個人消費**（↓30ページ）は、まずざーーっと300兆円になりますね。

この300兆円に、単純に8%の税率をかければ、24兆円が消費税徴収額となります。シンプルですね（こういう計算がさっとできるようになるといいですね！）。

ところが、残念ながら、消費者から税金を取っておきながら消費税を国に納めない事業者や（国庫に納税されずに残ることを「益税」といいます）、売上が少なくて納税を免除されている事業者もいます。

そんなこんなで、もろもろを引けば、**消費税収総額は17・6兆円程度**です（2015年度）。そこから、地方に消費税の一部が渡る（地方交付税）ので、国に残る金額はだいたい15兆円ぐらいだと思います。

いま、まさに消費税率引き上げが取りざたされていますが、増税で消費が減ってしまっては元も子もありません。実際、5%から8%に引き上げたときは、かなり消費が落ち込みました。

もう待ったなしですが、8%から10%の引き上げ時（予定では、2017年4月）は、いったいどうなることでしょうか。

＊法人税はたったの（？）10兆円

さて、ここまでで、33兆円の出所（所得税、消費税の2税）が判明しましたね。残りは、いま議論のある「**法人税**」です。

日本の法人税率は世界最高レベルとの議論をよく聞きます。その一方で、日本の法人税の徴収額は、実際にはとても少ないという議論もあります。

どちらが正しいのでしょうか？　実は、どちらも正しいのです。

税率そのものを見ると、基本税率が23・9％（2015年度）なので、世界有数の高率税制であることは事実でしょう。こんなに税が高いから、大企業が日本を見捨てて海外に出ていくのだという議論もあります。

しかし、税率ではなく金額で見ると、利益をたくさん出していて、300兆円以上もキャッシュを貯め込んでいる企業群から取れる**法人税収は、わずかに10・5兆円**しかないのです（2013年度）。

2015年は、上場企業に絞っても、**史上最高益となる50兆円以上の利益を計上**しています。なのに、未上場の数百万の会社を合わせて税収が10兆円少々とは、何と言い訳しても少なすぎますね。

経団連を中心として、日本の高い法人税率をよくやり玉にあげています。しかし、実際は税を免れている企業が多くあるのもまた事実なのです。

1980年代のバブル期にも、本業とはまったく関係がないのに、償却期間が短いヘリコプターに目をつけて購入するなどして、あの手この手で納税額を下げていた時期がありました。

そんなこんなで、結果として**法人税の納税総額は10兆円**にとどまっています。「払うほうがバカなのか、取らないほうが間抜けなのか」の議論かもしれませんが、納税総額を利益総額で割り算すれば、驚くほど低い税率となっていることでしょう。実際に計算してみてください。

＊そのほか、「相続税」は押さえておこう

ここまでで、消費税、所得税、法人税で計43兆円。国税の残り7兆円はどこからくるのでしょうか。

残りは「その他」なので、いちいち覚える必要はありませんが、そのうち**「相続**

税」の概算だけは、知っておいたほうがいいでしょう。

この相続税、最近はよく耳にするようになりました。実は、**２０１５年から大幅に重税化しているのです。**

うがった見方をすれば、10〜20年後、都市に小さな住宅を保有している団塊の世代が一斉に亡くなったときに、相続税を納付する必要があるように改正されたとも見て取れます。

相続税はよく聞く名前ですが、実は今までのところ、納付した人はそれほどいません。この数年は、納税総額で1兆5000億円程度を推移していました。

というのは、これまでは、よほどのお金持ちでもない限り、相続税に縁がなかったからです。しかし、この財政逼迫の折、サラリーマンを60歳で定年退職し自宅で退職者生活を享受中の団塊の世代から何か取れれば、財政再建に役立てられると考えたのでしょうか。

彼らは現在65歳を超えたあたりで、平均寿命に近くなってきました。いったん奥さんに相続されたとしても時間の問題で、いずれは課税されることになります。

＊ 地方税は35兆円規模と覚えよう

国税の話はこれくらいにして、次は「地方税」です。**国税の税収総額が50兆円程度なら、地方税の総計は35兆円規模**と覚えてください。

地方税は、消費税を国と分けたあとの地方の取り分である3兆円を引けば、個人と法人から徴収する「**住民税**」と「**固定資産税**」がそのほとんどになります。

ここで、大きな矛盾を指摘しておきましょう。あれほど禁煙キャンペーンをしておきながら、**国も地方もたばこでそれぞれ1兆円もの税額を徴収している**のです。

仮に喫煙者全員が禁煙すれば、2兆円もの税収がきれいに消えてしまうことになります。また、たばこをやめることで、医療費が2兆円節約できるかもしれませんが、その分長生きして老人医療と介護で5兆円かかってしまう可能性もあります。

たばこ税2兆円（国と地方合計）と双璧は「酒税」でしょう。たばこ税との違いは、酒税は国が徴収して地方には入らないということです。この酒税も1兆3000億円規模で、相続税の納税総額とほぼ同規模になっています。

全国民に酒やたばこをやめられたら、国と地方合わせて3兆円も税収が減ってしまうということは知っておきましょう。

いや、そんなことは忘れてもいい。少なくとも、**日本の国家予算は、おおよそ100兆円。私たちが払う国税総額はおおよそ50兆円、地方税は35兆円**（円安、株高などで現在上振れしていますが、ベースはこれぐらいです）。

この3つの数字だけは、ぜひとも覚えておいてください。

やるじゃん。

CHECK POINT

日本の国家予算と、私たちが納める国税・地方税の額はいくらですか？

NUMBER

3

日本の国債発行残高は何兆円？

先の項目で、日本の国家予算は100兆円、国税収入は50兆円とお話ししました。
「あれ？」と思ったあなた。「やるじゃん！」と言わせてください（笑）。
そう、50兆円足りませんよね？

この不足分は、いったいどうするのでしょうか？
一つは、**国債を発行してまかないます。**

「国債」という言葉は、みなさんも聞いたことがあると思います。でも、それがいったい何なのか、どんなものなのか知っている人は少ないかもしれません。
まして、「10年国債」って何なのでしょうか？ 10年があれば、5年もあるのでしょうか？ いろんな疑問がわいてきますね。

＊「10年国債」は金融の北極星

世界の金融市場では、10年国債の金利水準がその国の金融の北極星です。すべての基準はここと言ってもいいぐらいのものです。

国が出す債券なので国債といいます。「国庫債券」というのが正式の呼び名です。国が発行し、資金は国庫に入り、償還時は国がお金を支払うということは想像できますね。

この債券には、固定金利がついた債券（固定利付債）と、変動金利のついた債券（変動利付債）と、額面に対して割引された金額を払い込む債権（割引債）などの種類があります。

10年国債の額面は、一口5万円からです。仮に6％の利札がついていれば、年に

2回、１５００円ずつ金利が受け取れます。その国債はいつでも売却できるのですが、売値は時価ということになります。

発行されたころより市場の金利が高くなっていれば、売却しても5万円では売れないでしょう。逆に、市場の金利がさらに低下していれば、買った値段の5万円より高く売却できます。

変動利付債や割引債も同様です。そして、10年債であれば、10年後に額面の元金で償還されます。それが基本中の基本です。5年債でも、1年債でも、40年債でも原理は同じです。

それぞれ、数日、数週間、数か月、数年、数十年と償還までの期間で、種々の国債があるのです。

日本政府は、今のところ円建ての国債を発行しているだけですが、自国の通貨ではなく、他国の通貨で国債を発行することもできます。自国の通貨が主要通貨である場合は、他国の通貨を使う必要はありません。

日本も明治期には、英国のポンド建てで国債を発行して、日露戦争の戦費にしたことがありますが、現在、日本円は世界で通用するので、他国通貨での発行はありません。

米国も、ドル建ての国債は大量に発行していますが、ほかの通貨での発行は見られません。

＊新興国の国債は安心？

一方、新興国の政府は、自国内での富の蓄積が不十分なために、先進国の通貨建てで国債を発行することがあります。

たとえば、メキシコ政府の円建て国債、ブラジル政府の円建て国債、トルコ政府のドル建て国債などがありますが、原理は一緒です。

ただし、国債だからといって安心はできません。２００１年、日本で円建ての国債を発行している**アルゼンチンは外国債のデフォルト（債務不履行）を宣言**しました。

アルゼンチンは国家として今も存続しているので、何とかしてほしいと思っている保有者も多いと思いますが、残念ながらお金は一部しか返らないでしょう。

アルゼンチンの円建て国債が日本で発行されたところ、日本の国債も当然、毎月発行されていました。たとえば、日本国債が金利２％のところ、アルゼンチン国債が５％の金利となっていたとすれば、日本国債と比較して無事償還の可能性は低いということです。

同じ時期に、仮にトルコの円建て10年国債が４％の金利で発行されていたとすれば、トルコのほうが安心感はあるということになります。もちろん、これからの10年の間に起こりうる変化を見据える必要もあります。

＊ 日本の国債残高は、なんと1000兆円！

明治時代以降、日本政府は国債を発行し続けてきましたが、１９４５年の敗戦以降、東京五輪までは発行をストップしていました。五輪後の不景気から立ち直るために、国債の発行が再開されたのですが、現在と比較すればほんのわずかな額です。

そしてその後、**国債の発行は増加の一途をたどり、その残高は日本のGDPの2倍に当たる1000兆円にもなっています。**

500兆円規模の日本経済で、年間に50兆円の財政赤字。

そして、国債の発行残高はすでに1000兆円。

この状況からどのようにして脱出するのか、それとも脱出はできないのか、心配になりますよね。日本銀行は年間80兆円もの国債を購入することになっていますが、このペースが続けば、市場から国債が消えてしまいます。

その後、金利が上昇すればどうなるのでしょうか。謎だらけです。20年近くこの状況が続いていますが、それでもこの間、日本国債の暴落を信じて戦いを挑んだヘッジファンドは火傷したようです。

ちなみに、日本にとてもひどい格付けをした国際的格付け機関は、最近少しだけ見直しているようです（Ｓ＆ＰではＡ＋ランク、ムーディーズではＡ１ランク）。

＊米国、ドイツの10年国債の利回りは？

日本の10年国債の利回りはゼロ近辺です。この先どうなるかは予断を許さない状況です。

日本のほかに、主要な国債はやはり米国債で、「USトレジャリー」などと呼ばれています。現在は、金利上昇局面で神経質になっていますが、10年債で1・8％程度です。

ほかには、ドイツ国債が重要です。しかし、すでにマルクからユーロに切り替わっていて、ユーロ建てドイツ国債10年物も金融市場では主役となっています。しかし、2015年4月に0・1％と、過去最低を更新しています（現在は0・25％）。

一方、英国の国債は「ギルト」と呼ばれ、長い歴史があるのですが、ユーロ圏が成立して以降、重要性はやや低下しています。現在は、10年物で1・4%です。

ギリシャ危機を目の当たりにして、かねてから議論のあった英国のユーロ導入の可能性は消えたようです。さらには、EUからの離脱の議論まで起きているので、今後の動向から目が離せません。

一方、オーストラリア10年国債は2・4%です。

日 -0.109%
米 1.872%
独 0.273%

やるじゃん。

CHECK POINT

日米独の10年国債の金利は何%ですか？

NUMBER

4

100万円を
銀行に1年間預けたら、
いくら利息がつく？

東京には、ジャズのプレーヤーがたくさんいますが、有名になってコンサートのチケットが売れる人はごく一部なのだそうです。

多くは、ライブに出演しても無給（お金を払ってやっと出演できる人もいるとか）。これは、ジャズを聴きにくる人が少なく、演奏したい人が多いために起こる現象です。

同じように、今の日本にはお金を働かす場所、すなわち事業の機会が少なく、逆に働きたい資金は山ほどあるといえるでしょう。

ですから、無名のジャズプレーヤーのように、働くためのお金を逆にお客さんに支払う必要があるというわけです。これが、いま話題の「マイナス金利」です。

「金利」とは、お金に働いてもらう対価です。先進国では、働く場所が少ないので、対価である金利はとても低くなっています。

では、銀行に100万円預金すると、利息はいくらつくでしょうか？

実はいま、銀行に預けても、百円玉か十円玉が数個分程度の利息がつくだけです（2016年2月現在、普通預金の金利は年0・02％）。

＊「マイナス金利政策」でさらに金利が下がる！

……と書いていたところに（2016年2月）、大きなニュースが飛び込んできました。**日銀が、ついにマイナス金利政策を導入する**というのです。

「マイナス金利」というのは、欧州ではすでに導入されているもので、銀行が日銀に預けている当座預金に手数料を課すことを指します。

これだけを聞くと、私たちにはあまり関係ないように思えますが、私たちの住宅ローンや預金の金利にも大きく影響を及ぼすものなのです。

住宅ローンの金利が下がるのは家計にとってうれしいことですが、銀行預金の金利が下がるのはまったくうれしくないですよね。

しかし、一部の大手銀行は、日銀がマイナス金利を導入するという報道からほどなくして、**普通預金の金利を現行の0・02%から過去最低に並ぶ0・001%に引き下げる**ことを決めました。他行もこれに追従するものと思われます。

0・001%、です。**100万円を1年間銀行に預けても、たったの10円しか利息がつかない**という計算になります。

この「マイナス金利」政策が今後どうなるか、注意深くウォッチする必要があります。すでに導入されている欧州の現状に学ぶところも大きそうですね。

一方で、前の章で見たように、たとえば**10年国債の利回りは、ゼロ近辺になっています。**いくら買っても金利はつかず、さらなるマイナス金利が到来した場合の値上がり益を求めての投機的投資をするだけとなります。

丈夫な金庫を手配して現金を保管するほうが有利です。したがって、昨今、金庫の製造会社の株が上昇しています。

日本国債10年物の金利は、明治時代以来、平均で6％でした。今は人類史上、最低金利時代なのだそうです。それでも、投資家は値上がり益を求めて、金利のない国債に大量に投資しています。

現在、10年物の国債の先物市場があります。この先物市場で取引されている国債は、理論上6％になっています。普通に売り出される10年国債の金利はほぼゼロですから、同じ10年物で6％ということは、大人気となります。したがって、100円の国債が150円近くで取引されているのです。

約40年前、国債の金利は10年物で8％だったのに加えて、「マル優制度」により、金利には税がかかりませんでした。

大学を卒業したら、しっかり働いて早く1000万円貯めて、会社を辞めて80万円の金利を受け取り、1か月5万円で生活してときどき旅行に出るような生活がしたいと思っていた人がいたかもしれません。

今、そういう生活をするには？

金利が取れる償還までまだ少し長い40年債などを大量に持たないとできません。

しかし、40年後の貨幣価値を考えると危険すぎるでしょう。

やるじゃん。

CHECK POINT

金利とは何か、説明できますか？

NUMBER

5

現在の「東証時価総額」は何兆円？

★「時価」って、お寿司屋さんの「時価」と同じ？

「時価」という言葉、お寿司屋さんで見るとドキッとしますね。大トロを食べたいと思って、寿司屋の親父さんに聞いてみると、一貫2000円だと言われたりして。

でも、接待やデートでは、なかなか値段を聞けないですよね！

ちなみにこのとき、ガラスケースに5切れほどの大トロが並んでいたとすると、しめて「時価総額」1万円ということになります。

次回、同じお寿司屋さんで大トロの値段を聞いてみると、今日は1000円だと言われました。今度は8切れほど並んでいたとすると、時価総額はいくらになりますか？　はい、8000円ですね。

この**「時価総額」**という言葉は、株式市場でよく使われるものです。**1つの会社**

の大きさや証券取引所の大きさを知るのに重要な数字ですが、基本はこのお寿司屋さんのネタ談義と同じだと思ってください。

すなわち、寿司屋で毎日値段が変わるものは「時価」と表示されるのと同様に、今日の株価である時価をすべて足し合わせたものを「時価総額」と呼んでいるのです。

2012年末以降、日経平均株価は8000円から2万円に駆け上がりました。同時に、**東京証券取引所一部上場企業全社の時価総額（東証一部の時価総額）も250兆円から一時600兆円に拡大**しました。

どういうことかというと、2012年末と比較すれば、350兆円もの値上がり益を株式保有者に提供しているわけです。

もちろん、株を売却しなければ絵に描いた餅となってしまいますが、これはたいへん大きな金額の話となります。どれぐらいの規模かというと、日本の1年間の**個**

人消費（３００兆円、30ページ）よりも大きいお金が生まれたり消えたりするのですから！

＊「東証一部時価総額」は毎日チェックしよう

現在の東証一部の時価総額は、約５００兆円弱です。この数字が何を意味しているのかというと、東証一部の上場会社を全部買収すると５００兆円かかるということです。

時価総額の計算方法はシンプルです。それぞれの会社の株価に発行済み株数を掛け算すると、その会社の時価総額が算出されますね。

ある取引所に上場している会社について、各社別の個別時価総額を単純にすべて足し算すれば、取引所ごとの時価総額が簡単に算出されます。

日経新聞のここをチェック！

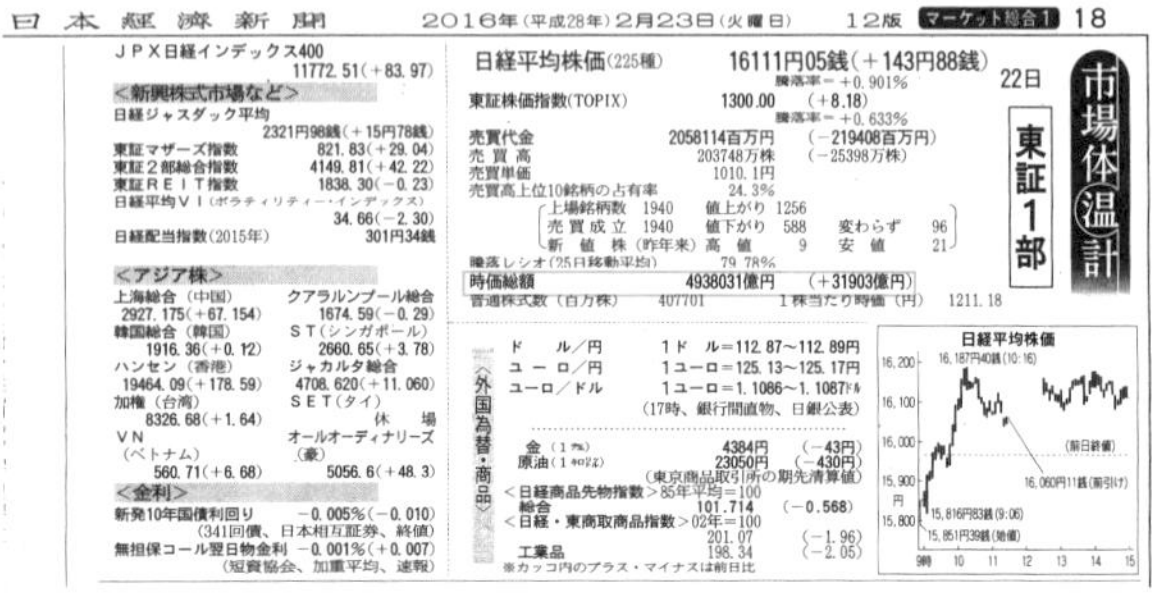

日本経済新聞　2016年（平成28年）2月23日（火曜日）　12版　マーケット総合1　18

JPX日経インデックス400　11772.51（＋83.97）

<新興株式市場など>
日経ジャスダック平均　2321円98銭（＋15円78銭）
東証マザーズ指数　821.83（＋29.04）
東証2部総合指数　4149.81（＋42.22）
東証REIT指数　1838.30（－0.23）
日経平均VI（ボラティリティー・インデックス）　34.66（－2.30）
日経配当指数（2015年）　301円34銭

<アジア株>
上海総合（中国）　2927.175（＋67.154）
韓国総合（韓国）　1916.36（＋0.12）
ハンセン（香港）　19464.09（＋178.59）
加権（台湾）　8326.68（＋1.64）
VN（ベトナム）　560.71（＋6.68）
クアラルンプール総合　1674.59（－0.29）
ST（シンガポール）　2660.65（＋3.78）
ジャカルタ総合　4708.620（＋11.060）
SET（タイ）　休場
オールオーディナリーズ（豪）　5056.6（＋48.3）

<金利>
新発10年国債利回り　－0.005%（－0.010）（341回債、日本相互証券、終値）
無担保コール翌日物金利　－0.001%（＋0.007）（短資協会、加重平均、速報）

市場体温計　東証1部　22日

日経平均株価（225種）　16111円05銭（＋143円88銭）　騰落率＝＋0.901%
東証株価指数（TOPIX）　1300.00　（＋8.18）　騰落率＝＋0.633%
売買代金　2058114百万円　（－219408百万円）
売買高　203748万株　（－25398万株）
売買単価　1010.1円
売買高上位10銘柄の占有率　24.3%
上場銘柄数　1940　値上がり　1256
売買成立　1940　値下がり　588　変わらず　96
新値株（昨年来）　高値　9　安値　21
騰落レシオ（25日移動平均）　79.78%
時価総額　4938031億円　（＋31903億円）
普通株式数（百万株）　407701　1株当たり時価（円）　1211.18

〈外国為替・商品〉
ドル／円　1ドル＝112.87～112.89円
ユーロ／円　1ユーロ＝125.13～125.17円
ユーロ／ドル　1ユーロ＝1.1086～1.1087ドル
（17時、銀行間直物、日銀公表）
金（1グラム）　4384円　（－43円）
原油（1キロリットル）　23050円　（－430円）
（東京商品取引所の期先清算値）
<日経商品先物指数>85年平均＝100
総合　101.714　（－0.568）
<日経・東商取商品指数>02年＝100
201.07　（－1.96）
工業品　198.34　（－2.05）
※カッコ内のプラス・マイナスは前日比

日本経済新聞 2016年2月23日付朝刊より

日本経済新聞の朝刊には、必ず「東証一部」の時価総額が掲載されています。
ここは必ず見るようにしましょう。

その数字は、日経平均株価と連動していることが多いのですが、金融のプロが使うことの多いもう1つの指数である**「東証株価指数」（TOPIX）**とは、間違いなく連動しています（日経平均とTOPIXについては次の章で扱うので、忘れないうちに読んでくださいね）。

ここまでに出てきた、**日本のGDP、**

国家予算、国税収入、そして東証時価総額は、つねに最新の数字にアップデートする習慣を持ってください。そうすれば、いずれ、それらの数字に相関があることに気がつくことでしょう。

ちなみに、最近の数字はそれぞれ、GDP500兆円、国家予算100兆円、国税収入50兆円、東証時価総額500兆円程度となります。

＊ GDPと東証時価総額の関係は？

ここ最近、特にGDPは伸びていませんが、東証時価総額はこの3年で一時2倍になっています。

本来、この2つの数字には、経験的に強い相関が見られます。**経済が好調であれば株価は上昇し、時価総額も大きくなっていきます。**

また、時価総額の拡大のほうがやや先行性があります。逆に、経済がピークを打って下降する場合は、株式はその先行性を発揮して時価総額は減少を開始します。

東証時価総額は、不況時にはＧＤＰ比70％程度に下がり、好調時には１３０％程度まで上昇するようです。現在は１００％強程度ですから、今しばらく株価は上昇する可能性もあるかもしれません。

この相関は日本だけのことではなく、世界の国々で見られるようです。現在、**世界のＧＤＰ合計は75兆ドル程度**です（２０１３年度）が、世界全体の株式時価総額合計も同様に75兆ドル規模と考えて大きく相違はないでしょう。

株式市場の時価総額とＧＤＰとの連動性については、なんとなく理解できたと思います。大きさの相関関係には学問的な根拠は少ないかもしれませんが、皮膚感覚の知見としては有効です。

日本で時価総額が第1位の会社は？

さて、日本の企業で、時価総額が最大の会社はどこだと思いますか？

やはり、**トヨタ自動車が1位で、25兆円程度**となっています。

ちなみに、お菓子のカルビーは、ここ数年で時価総額が急拡大していて、経営者がマスコミなどに取り上げられることも多いようです。

これはどういうことかというと、「時価総額が拡大した」のは「企業価値を高めた」ということで、「経営者が優秀だ」とほぼ同意語となるからです。時価総額が大きくなれば、やたらにほかの企業から買収されることも少なくなります。

では、世界で最大の時価総額を誇る企業は、どこでしょうか？

今のところは、米国のAppleです（２０１６年になって、Googleの持ち株会社Alphabet社に抜かれることも出てきましたが）。

くわしくは、１６８ページでお話ししますが、**現在のAppleの時価総額はおよそ70兆円で、税引後利益は5兆円**もあります。

日本の国防予算が5兆円（２０１５年度）ですから、なんと一社で実に一国の国防予算と変わらない大きさの利益を出しているんですね！

今回は、お寿司屋さんのネタから話を始めましたが、理解できましたか？

おさらいすると、寿司屋の時価総額はウニ、トロ、アナゴ、ヒラメなど、すべてのネタの時価の合計となるのでしたね。

東京証券取引所でも同様に、上場企業の時価総額をすべて足し算したものが「東証時価総額」となるのでした。

今後、その値が増えることを期待したいものです。

トヨタ　25兆円

やるじゃん。

CHECK POINT

日本の企業で、時価総額が最大なのはどこですか？

NUMBER 6

いま、「日経平均」は何円？

「日経平均」「ニューヨークダウ平均」などと、耳にすることがありますね。その昔は、「東証ダウ」という言葉もありました。

経済紙では、「東証株価指数」（TOPIX）という言葉が、日経平均と並んでいたりします（64ページ参照）。

さて、この「ダウ」って何でしょうか？

＊「ダウ平均」って、何の平均？

そもそも、市場があれば、相場があります。相場があれば、値動きを追った指数があります。この**株式市場の指数の代表が、ニューヨークの「ダウ平均」**（正式には、「ダウ工業株30種平均」）です。

19世紀末にダウ・ジョーンズ社は、ニューヨーク取引所の近辺で新聞を発行していました。その名は「ウォール・ストリート・ジャーナル」（WSJ）。日本でいえば、日本経済新聞に相当します。

そのダウ・ジョーンズ社は、ニューヨーク証券取引所に上場している銘柄のうち30社を選んで、その株価の平均値を毎日発表しはじめたのです。

この30社は、今でもアメリカを代表する有力企業群ですが、ときどき入れ替えが行われています。当時から連続して組み入れられているのは、ゼネラル・エレクトリック（ＧＥ）だけだそうです。

ちなみに、現在の採用銘柄は、アップル、アメリカン・エキスプレス、ボーイング、キャタピラー、デュポン、ウォルト・ディズニー、ＧＥ、ゴールドマン・サックス、ＩＢＭ、コカ・コーラ、マクドナルド、３Ｍ、ナイキ、マイクロソフト、ファイザー、Ｐ＆Ｇ、ＶＩＳＡなどなど。日本人にも身近な会社がほとんどです。

基本的には、これら会社の株価をすべて足して除数で割ったものが、「ダウ平均株価」となります。

ただし、30社だけでは全体を見渡すことができないといった観点から、今では格付け会社の「S&P」（スタンダード&プアーズ・レーティングズ・サービシズ）が「**S&P 500指数**」を発表しています。

わが国でも、敗戦後に東証が再開し、「ニューヨーク式の指数を」ということになり、「東証ダウ」を発表しはじめました。当時は、計算方法をダウ・ジョーンズ社から買っていたようです。

その後、東証は独自に東証一部上場株式全銘柄が反映される「**東証株価指数**」（**TOPIX**）を発表することになり、根強い人気のある東証ダウ平均は「日経ダウ」として日本経済新聞社が発表することになりました。

他の全国紙は、日経のインデックスを使うのもいかがなものかと躊躇があったそうです。日経は日経で、同業者のダウ・ジョーンズ社の名前を毎日のように新聞に載せるのも悔しいと思ったのか、「**日経平均**」という言葉に落ちついています。

日本の「日経平均」は30社ではなく、225社を使って、1949年に100円前後からスタートしています。バブル絶頂期の1989年には、4万円にまで上昇していました。

現在の日経平均は1万6000円前後で推移しています。すなわち、25年間、高値は抜けていないどころか、半分になっているのです。

＊「日経平均」を追えば、日本経済の状態がわかる

株式市場と関係がある人にとっても、まったくない人にとっても、現在では日経平均は日常生活に入り込んでいます。ニュースの終わりに必ず最新の動きが報道さ

れるぐらいです。

ＴＯＰＩＸの知名度は、今のところその域に達していませんが、業界の専門家は、むしろＴＯＰＩＸを主に使用しているようです。

米国でも、ダウ平均がポピュラーですが、業界人は「Ｓ＆Ｐ５００指数」を使うことが多いように思われます。

日本でいえば、日経平均が上がるときは、ＴＯＰＩＸも上昇するのが普通です。２２５種に限られる日経平均に比べて全銘柄の動きが反映されるＴＯＰＩＸは、銀行株などを中心とした金融セクターの比重が高くなり、金融株が上がるとより大きく上昇します。

日経平均とＴＯＰＩＸの動きを比較した指数もあります（ＮＴ倍率）。

今後も、**ＴＯＰＩＸは直感的に東京市場の動きを知るには便利なので重要**ですし、**株式市場の実態を正確に知るのには役立つことでしょう（２０１６年２月の国内指数は１３００前後）**。

経済成長が続けば株価も上昇し、日経平均やニューヨークダウなどは、時間的には多少の遅れや先取りはあっても、トレンドとしては成長を反映します。逆も真と言って差し支えありません。

ちなみに、日米以外の世界各国の株式市場はそれぞれの指数を持っています。ドイツの「ＤＡＸ」やフランスの「ＣＡＣ」が有名ですが、香港の「ハンセン指数」、上海の「総合指数」、ブラジルの「ボベスパ」なども新聞紙上に登場しています。

＊「新興市場」にも注目を

一方で、成長著しい新しく誕生した会社が多く上場している「新興市場」があります。新興といっても、新興国とはまったく関係なく、新しい企業を対象にした株式市場という意味です。

米国の「**ナスダック総合**」が有名ですが、わが国にも「**ジャスダック**」「**東証マザーズ**」があります。なかには、設立したばかりで、利益も出ていない企業がビジネスモデルだけで公開企業となるケースもあります。

かつて、日経平均が「東証ダウ」といわれていた時代、指数が１００から１６００に上昇し、また１９６４年の東京五輪後の不況で１０００程度に下落したあと、１９８９年末に４万あたりまで上昇したのを見て、東証ダウ平均や日経平均という株を買いたいという投資初心者が現れた、という笑い話がありました。

指数が16倍になり、40倍にも上昇するのを見れば、投資したくなるのも人情でしょう。当時はあくまで笑い話でしたが、現在、これはＥＴＦ（上場投信）のスタイルで投資可能になっています。

また、今回の日本郵政、かんぽ生命、ゆうちょ銀行の上場を契機に、この3社だけに投資するファンドができると聞いています。

さらに言えば、原油、金、パラジウムなど、何でも小分けにしたものを「有価証券」という形で、取引所で買える時代になってきています。

今後も、あらゆるものが有価証券となって上場され、新しい指数も開発されていくことが予想されます。

残念ながら、日本経済の停滞を反映して、日経平均はこの25年で半分になっていますが、5年後、10年後の日経平均やＴＯＰＩＸの値を知りたいものですね。

とはいえ、50年前と比較すれば20倍ですし、60年前と比較すれば200倍になっているのは事実ですから、ここらで日本経済の底力を見せつけたいものです。

やるじゃん。

CHECK POINT

「日経平均」とは何ですか？

日経新聞が作った日本代表225銘柄の株価の平均

NUMBER

7

わが国の貿易収支は黒字？　赤字？

突然ですが、日本の貿易額はいくらぐらいか知っていますか？

最近では、70～80兆円の規模です。

では、その収支は黒字でしょうか？　それとも、赤字でしょうか？

みなさんは学校で、資源の乏しいわが国は、いわゆる加工貿易で国を保っていたと習ったと思います。そして、外国から集中豪雨的輸出を強く非難されたこともあるため、わが国はつねに貿易黒字の国という印象を持っているかもしれません。

本当にそうでしょうか？

第二次大戦後の１９５０年から今日まで、貿易収支の詳細が財務省のホームページで見ることができるので、ちょっと見てみてください（http://www.customs.go.jp/toukei/suii/html/nenbet.htm）。

２０１１年以降を見ると、東日本大震災後の福島第一原発の事故で天然ガスの輸入代金がかさみ、そのおかげで一説には年間３兆円ほど輸入金額が増加しました。**貿易収支は、そのころから一転して赤字**となっています。２０１５年は２兆８０００億円の赤字です（前年に比べると、原油安のため赤字額は大幅に減少しています）。

前回、日本が貿易収支の赤字に苦しんだのはオイルショックのころでした。今回の赤字時代も、最近のエネルギー価格の下落で終わりが見えてきたかもしれません。

このように、世界経済の中心国の１つである日本の貿易収支を知れば、いろいろなものが見えてきます。

わが国のＧＤＰの大きさと貿易額の比較にも目を向ける必要があります。ともかく、**大まかな貿易額と赤黒の背景はいつも気にしておくべきです。**

19 景気指標

【第三種郵便物認可】

国内

	国内総生産（季調・年率・兆円 カッコ内は成長率%） 名目	実質（05暦年連鎖価格）	日銀短観業況判断「良い%」－「悪い%」 大企業製造業	大企業非製造業	景気動向指数（CI） 先行	一致	鉱工業指数（2010年＝100） 生産指数（季調）	生産指数 前月比	生産指数 前年比	出荷 前月比	出荷 前年比	製品在庫 前月比	製品在庫 前年比	製品在庫率指数（季調）
12年度	474.4（0.0）	519.5（0.9）	—	—	—	—	95.8	—	▲2.9	—	▲1.8	—	4.5	114.4
13年度	482.4（1.7）	529.8（2.0）	—	—	—	—	98.9	—	3.2	—	2.9	—	▲3.4	106.3
14年度	489.6（1.5）	524.7（▲1.0）	—	—	—	—	98.5	—	▲0.4	—	▲1.1	—	4.1	112.0
15年1月	497.9（7.9）	529.3（4.2）	12	16	104.7	114.8	102.1	4.1	▲2.6	5.5	▲2.1	▲0.4	5.6	109.0
2月	（1－3）		（12月調査）		103.9	112.7	98.9	▲3.1	▲2.0	▲4.4	▲2.9	1.1	7.0	113.4
3月			12	19	104.1	111.1	98.1	▲0.8	▲1.7	▲0.6	▲2.3	0.4	6.2	114.4
4月	※497.8（▲0.1）	※527.5（▲1.4）	（3月調査）		105.6	113.8	99.3	1.2	0.1	0.6	0.2	0.4	6.6	113.2
5月	（4－6）		15	23	106.3	112.0	97.2	▲2.1	▲3.9	▲1.9	▲3.2	▲0.8	3.9	115.4
6月			（6月調査）		106.8	113.2	98.3	1.1	2.3	0.6	1.8	1.5	4.0	113.5
7月	※500.9（2.5）	※529.3（1.3）	12	25	105.4	112.8	97.5	▲0.8	0.0	▲0.4	▲0.8	▲0.8	2.7	112.2
8月	（7－9）		（9月調査）		104.1	111.9	96.3	▲1.2	▲0.4	▲0.7	0.6	0.3	2.1	119.2
9月			12	25	102.3	111.8	97.4	1.1	▲0.8	1.4	▲1.5	▲0.4	2.1	115.5
10月	※499.4（▲1.2）	※527.4（▲1.4）	（12月調査）		104.1	113.3	98.8	1.4	▲1.4	2.1	▲0.8	▲1.9	0.2	112.0
11月	（10－12）		7	18	103.2	111.9	97.9	▲0.9	1.7	▲2.4	0.7	0.4	▲0.4	115.5
12月			（先行き）		※102.0	※111.2	96.2	▲1.7	▲1.9	▲1.8	▲2.5	0.4	0.0	116.0
（出所）	内閣府		日銀		内閣府		経済産業省							

	稼働率指数 製造工業（季調）	生産指数 集積回路 前年比	粗鋼生産高（千t）	機械受注（船舶・電力除く民需）前年比	法人企業統計 設備投資（前年比）	営業利益（前年比）	広告扱い高 前年比	第三次産業活動指数（総合季調）	建設工事受注 前年比	新設住宅着工（万戸、季調・年率）	マンション契約率 首都圏（%）	近畿圏（%）	公共工事請負金額 前年比
12年度	95.4	▲4.0	107,305	▲3.0	3.3	2.7	2.5	102.0	2.4	89.3	76.7	78.4	10.3
13年度	100.0	7.1	111,524	11.5	6.7	21.5	6.4	103.2	20.1	98.7	79.8	78.9	17.7
14年度	100.6	6.9	109,844	0.8	7.7	9.7	1.8	102.1	8.2	88.0	74.6	75.2	▲0.3
15年2月	101.0	12.8	8,441	5.9	3.9	7.0	▲4.2	103.4	1.0	90.2	74.5	67.1	2.3
3月	99.8	7.8	9,282	2.6	（10－12）		0.3	103.0	10.8	91.6	79.6	72.7	▲12.4
4月	99.4	18.1	8,402	3.0			10.2	103.3	▲12.1	91.3	75.5	74.2	4.4
5月	96.4	10.6	8,918	19.3	8.1	▲0.1	▲1.6	102.8	▲7.4	92.6	71.1	75.2	▲14.0
6月	97.1	16.6	8,535	16.6	（1－3）		▲3.2	103.2	15.4	103.0	78.7	74.8	▲1.8
7月	96.9	5.7	8,841	2.8			▲9.5	103.2	▲4.0	92.2	83.7	75.1	▲10.1
8月	96.0	▲4.5	8,796	▲3.5	6.6	20.5	8.9	103.5	▲15.6	93.2	74.3	79.4	▲1.3
9月	97.4	0.2	8,575	▲1.7	（4－6）		1.3	103.2	6.7	89.6	66.0	67.9	▲10.9
10月	98.7	▲5.4	9,007	10.3			1.4	104.1	▲25.2	86.5	68.8	68.6	▲4.8
11月	98.6	▲6.6	8,743	1.2	11.2	11.2	8.2	※103.2	5.7	87.9	82.1	70.2	3.3
12月	97.6	▲20.3	8,589	▲3.6	（7－9）		5.9	※102.6	14.8	86.0	64.8	59.6	▲9.6
16年1月	—	—	—	—			25.4	—	—	—	58.6	67.1	▲2.6
前年比（%）	▲3.5		▲4.6					0.1		▲1.3			
（出所）	経済産業省			内閣府	財務省		電通・博報堂	経済産業省	国土交通省		不動産経済研究所		保証事業会社3社

	現金給与総額 全産業前年比	所定外労働時間 全産業前年比	常用雇用指数 全産業前年比	有効求人倍率（季調・倍）	完全失業率（季調・%）	消費支出 2人以上世帯 前年比	小売業販売額 前年比	新車販売台数（万台）	全国百貨店売上高 前年比	旅行取扱状況 前年比	M3増加率（平残前年比%）	マネタリーベース（平残前年比%）	コールレート翌日物（平均）（年利、%）	新発10年国債利回り（期末）（年利、%）
12年度	▲1.0	▲0.1	0.7	0.82	4.3	1.6	0.3	521.0	▲0.3	5.1	2.1	8.7	0.082	0.560
13年度	▲0.2	4.8	0.9	0.97	3.9	0.9	2.9	569.2	4.0	3.7	3.1	44.0	0.073	0.640
14年度	0.5	2.0	1.7	1.11	3.5	▲5.1	▲1.2	529.7	▲4.6	1.2	2.7	39.3	0.068	0.400
15年2月	0.1	▲0.7	2.1	1.15	3.5	▲2.9	▲1.7	48.2	1.1	2.1	2.9	36.7	0.076	0.330
3月	0.0	▲2.4	1.9	1.15	3.4	▲10.6	▲9.7	69.5	▲19.7	▲2.3	3.0	35.2	0.070	0.400
4月	0.7	▲2.4	2.0	1.17	3.3	▲1.3	4.9	31.9	13.7	3.4	3.0	35.2	0.061	0.340
5月	0.7	▲1.7	2.0	1.19	3.3	4.8	3.0	33.6	6.3	3.5	3.3	35.6	0.069	0.390
6月	▲2.5	▲0.8	2.1	1.19	3.4	▲2.0	1.0	44.3	0.4	0.0	3.2	34.2	0.072	0.455
7月	0.9	▲0.7	2.0	1.21	3.3	▲0.2	1.8	42.5	3.4	0.2	3.3	32.8	0.074	0.410
8月	0.4	▲0.8	2.0	1.23	3.4	2.9	0.8	32.7	2.7	0.0	3.4	33.3	0.076	0.380
9月	0.4	▲0.8	2.0	1.24	3.4	▲0.4	▲0.1	47.9	1.8	8.8	3.1	35.1	0.073	0.350
10月	0.7	▲0.8	2.2	1.24	3.1	▲2.4	1.8	38.0	4.2	5.8	2.9	32.5	0.076	0.300
11月	0.0	▲0.9	2.1	1.25	3.3	▲2.9	▲1.1	38.9	▲2.7	2.6	2.7	32.5	0.078	0.300
12月	※0.1	※▲1.8	※2.3	1.27	3.3	▲4.4	▲1.1	36.9	0.1	—	2.5	29.5	0.075	0.270
16年1月	—	—	—	—	—	—	—	38.3	▲1.9	—	※2.5	28.9	0.074	0.095
前年比（%）								▲4.6						
（出所）	厚生労働省				総務省		経済産業省	自販連・全軽自協	日本百貨店協会	観光庁	日銀			日本相互証券

	銀行計貸出残高 前年比	国内銀行貸出約定平均金利（年利%）	企業倒産件数（件）	国内企業物価指数 総平均	前月比	前年比	消費者物価指数（生鮮除く総合） 全国	前月比	前年比	東京都前月比	輸入物価指数 前年比	企業向けサービス価格指数 前年比	貿易・通関 輸出（億円）	輸入（億円）	外貨準備高（期末億ドル）
12年度	1.1	1.383	11,719	100.5	—	▲1.1	99.6	—	▲0.2	—	1.7	▲0.3	639,400	720,978	12,544
13年度	2.3	1.280	10,536	102.4	—	1.9	100.4	—	0.8	—	13.5	0.2	708,565	846,129	12,793
14年度	2.5	1.200	9,543	105.3	—	2.8	103.2	—	2.8	—	0.2	3.3	746,703	838,146	12,453
15年2月	2.6	1.173	692	103.3	0.0	0.5	102.5	▲0.1	2.0	0.1	▲10.1	3.2	59,414	63,699	12,511
3月	2.7	1.158	859	103.5	0.2	0.7	103.0	0.4	2.2	0.5	▲8.2	3.1	69,268	67,042	12,453
4月	2.7	1.157	748	103.6	0.1	▲2.1	103.3	0.3	0.3	0.2	▲9.8	0.7	65,502	66,095	12,501
5月	2.6	1.153	724	103.8	0.2	▲2.2	103.4	0.2	0.1	0.1	▲8.9	0.6	57,403	59,609	12,458
6月	2.5	1.141	824	103.6	▲0.2	▲2.4	103.4	0.0	0.1	▲0.1	▲5.9	0.5	65,057	65,801	12,429
7月	2.6	1.137	787	103.3	▲0.3	▲3.1	103.4	0.0	0.0	▲0.2	▲7.3	0.6	66,637	69,341	12,423
8月	2.8	1.135	632	102.7	▲0.6	▲3.6	103.4	0.0	▲0.1	0.1	▲9.7	0.7	58,818	64,533	12,442
9月	2.7	1.125	673	102.1	▲0.6	▲4.0	103.4	0.0	▲0.1	▲0.1	▲15.5	0.4	64,170	65,370	12,489
10月	2.5	1.125	742	101.5	▲0.6	▲3.8	103.5	0.1	▲0.1	0.1	▲15.6	0.4	65,425	64,377	12,442
11月	2.3	1.121	711	101.4	▲0.1	▲3.6	103.4	0.0	0.1	0.0	▲17.6	0.2	59,812	63,658	12,330
12月	2.2	1.110	699	101.0	▲0.4	▲3.5	103.3	▲0.2	0.1	▲0.1	▲18.5	※0.4	63,382	※61,979	12,332
16年1月	※2.4	—	675	※100.1	※▲0.9	※▲3.1	—	—	—	※▲0.8	※▲17.8	—	※53,516	※59,976	12,481
前年比（%）			▲6.4										▲12.9	▲18.0	
（出所）	日銀		東京商工リサーチ	日銀			総務省				日銀		財務省		

日本経済新聞 2016 年 2 月 22 日付朝刊「景気指標」より

日本はもともと貿易赤字国だった

さて、さかのぼって１９５０年の輸出入額を見ると、輸入は３４８０億円、輸出は２９８０億円と、かなりの貿易赤字を計上しています。

日本はもともと、貿易赤字国だったのです。原料と機械を輸入して、安い賃金で人を使って加工し、外貨を稼いで、燃料を買うというのが図式でした。

この傾向は、１９６４年の東京五輪まで続いていました。オリンピック後の不況で輸入が減ったためなのか、１９６５年オリンピックの翌年に戦後初めて、わずかながら輸出が輸入を上回ったのです。

そのころまで、日本の通貨である円は、１ドル＝３６０円でした。敗戦国で貿易赤字ですから、通貨は脆弱で闇ドルは４００円ともいわれていたようです。

戦後20年、トラウマのように貿易赤字にうなされていた日本ですが、その後、

イルショックや原発事故の期間を除けば、いつも貿易は黒字でした。１９５０年代の恐怖からか、つきものに追われるように黒字を貯める傾向が日本にはあったのでしょう。

１９２２年にハイパーインフレを経験したドイツが、つねにインフレの影におびえながら生きているように、日本はつねに貿易赤字の悪夢にさいなまれていたのです。

戦後は、資本財や資源を外国から輸入し、安い工賃で軽工業品を生産し輸出していたわけですが、東京五輪を境に、鉄鋼の生産が増加し、自動車や家電製品の輸出国に変貌していきました。

その後、夢のような経済成長が続き、敗戦国としての傷も癒えたころに、第一次オイルショックが襲ったのです（１９７４年）。３年続けて貿易赤字となり、経済はマイナス成長となり、戦後日本の試練の時を迎えたのでした。

オイルショックで燃料の輸入代金が高騰し、全輸入金額の50％弱が燃料代となってしまったのもこのころです。

＊ 黒字化を経て、再び赤字に転落

しかし、よくしたもので、燃料代が高騰したおかげで、燃費のよい日本の自動車が世界で見直されはじめました。今度は、日本車の集中豪雨的輸出時代となり、**１９７６年には早くも貿易収支が黒字化**したのでした（しかし、２０１１年以降は、再び貿易赤字が定着）。

以降、わが国は外貨を貯め込み、海外投資も拡大して、現在は世界有数の外貨準備高と**世界第1位となる対外純資産**を誇っています。

おかげで、わが国の公的債務はＧＤＰの2倍以上もあるにもかかわらず、円は世界の安定通貨として有事には世界中から頼りにされているのです。

ちなみに、米国は毎年多額の貿易赤字を垂れ流していますが、それもどこ吹く風で、世界から物を買い漁っています。一方、日本は、世界中で摩擦を批判されながら物をつくり、せっせと輸出に励んでいます。

今後は、円安傾向の中で輸出が進むのか、それとも円高時代に生産拠点を海外に出したために、円安効果は思ったほどでもないのかは、議論が分かれるところです。

2兆8000億.

やるじゃん。

CHECK POINT

2015年の日本の貿易赤字額はどれぐらいですか？

NUMBER

8

コンビニ全店の年間売上は何兆円？

＊日本にコンビニは何軒あるでしょう？

物がたくさんあるという意味で、「五万とある」と言うことがあります。「日本にコンビニは何軒あるでしょう？」と聞かれて、「五万とある」と答えるようなときです。

変なシャレのようですが、実はそれで正解なのです（正確には、２０１６年１月現在で**5万3655軒**）。**3分の1がセブンイレブンで、ローソン、ファミリーマートが続きます。**

２０１６年９月、業界3位のファミリーマートは4位のサークルKサンクスと経営統合する予定です。

ほかにも、地域色豊かなコンビニが何社かあります。特に北海道では、「セイコーマート」というご当地コンビニががんばっています（ちなみに、石垣島には日本最南端のコンビニとして、ファミリーマートがあります）。

いまや日本独特の小売チャンネルといえる全国区のコンビニは、1974年に東京の豊洲に出店したセブンイレブンが第1号のようです。

セブンイレブンは、当初は米国企業にロイヤリティーを払って運営していたのですが、日本で事業を展開する過程で米国の本社を買収してしまいました。おでんやおにぎりといった商品で利益を上げているわけですから、当然といえば当然でしょう。

米国発のコンビニは、日本で完成を迎えたのです。現在はアジア諸国に売り出し中ですが、日本人を含めてアジア人の気質に合うのでしょうね。

＊ コンビニのビジネスモデルは？

セブンイレブンは、いつでも売れるものを店に並べて売上を伸ばすビジネスモデルです。

店内に、およそ３０００点の商品を置き、**ＰＯＳデータで在庫をつねに管理しながら、売れないものを売れるものに置き換える**作戦です。

最近では、１００円のコーヒーを売り出して大成功しています。おかげで日本は、世界でも最もコーヒー好きな国の一つになりそうです。

こんな話があります。夏のある日、海辺のコンビニで梅干しのおにぎりの売上が急上昇したことがありました。

分析が得意なコンビニ産業ですから、なぜだろうと考えに考え抜いて理由を発見しました。

何だと思いますか？

実は、真夏の釣り客が、イクラやたらこのおにぎりのほうが好きでも、真夏でも腐らないものは梅干しと考えて、お弁当用に梅干しのおにぎりを選んでいたことが原因だったのです。

早速、暑い盛りの釣り日和には、梅干しのおにぎりを集中投入して売上を伸ばしました。日本のコンビニは、このように**P、D、C、A（計画、実行、評価、改善）**を繰り返して日夜成長しているのです。

現在も、業界全体で右肩上がりを続けていますが、今後どのような戦略が出てくるか楽しみです。

＊コンビニ全店の年間売上はどれぐらい？

ところで、コンビニは年間でどれぐらいの売上があると思いますか？　わからなければ、ちょっと計算してみましょう。

一日一軒当たりの売上金額がわかれば、それに稼働日数、全店舗数をかければ、年間売上は計算できますね。

コンビニは、店舗にもよりますが、一日当たり50万円から70万円売上があるそうです（**一人当たりの客単価は７００円**の壁があるようです）。

一日平均60万円とすると、稼働日は年中無休なので３６５日、店舗数は最初にお話ししたように5万軒ですから、年間総売上は60万円×３６５日×５万軒で約10兆円。

すなわち、**日本のコンビニの年間総売上は10兆円程度**だと推測できます。

このように、**見当もつかない数字でも、見当のつく数字をもとに計算していくことで、だいたいの数字のあたりをつけることができます。**

その精度を上げるには、キーとなる基本数字をいくつか覚えておき、定期的に数値をアップデートする習慣をつけましょう。

日本の個人消費総額が３００兆円ですから、そのうちの10兆円といえば重要なチャンネルということになります。

その一方で、コンビニの母体であった**総合スーパー（GMS）は苦戦中**です。20年前の１９９６年ごろは、日本の総合スーパーの総売上は17兆円規模でしたが、それをピークにどんどん減少し、現在は13兆円程度となっています。

部門別に見ると、食品はその間、微増または横ばいの6兆円から7兆円をキープしているのですが、衣料品は壊滅的。以前の半分以下で、低下傾向は今も収まっていないようです。

1997年以降、急成長したユニクロの売上を見れば、その理由は一目瞭然。スーパーの衣料品部門はSPA（衣料品の製造小売、155ページ）に完全に置き換わる日が来るかもしれません。

やるじゃん。

CHECK POINT

日本にコンビニは全部で何軒ありますか？

NUMBER

9

日本の失業率は何％？

経済学の目的は、インフレと失業のない社会をつくることです。米国の中央銀行であるＦＲＢの活動目標もこの２つのようです。

特に、米国のように勤労者の流動性が高い社会では、失業者が多くなると社会不安になってしまいます。

それにしても、失業するというのは、いやなものですね。大きな収入源がなくなってしまうということですから。

わが国では、終身雇用制度を柱とする日本的経営と経済の高度成長、ある程度のインフレが１９４５年以降続いたので、失業が継続的に社会問題になることは少なかった気がします。

実際、他国で見られるように、失業者が街にあふれて社会問題となるような状況は、今のところ発生していません。仕事をしたい人は、業種を選ばなければ、何らかの職はあるということでしょう。実際、**失業率は３％前後で推移しています。**

＊非正規労働者の割合は、なんと40％！

問題は、**雇用者総数が5700万人程度ありながら、正社員は60％程度しかいない**ことです。残りの40％は、派遣、契約、嘱託などの不安定な雇用契約、いわゆる「非正規労働者」ということになります。

もともと、日本は世界でも、労働者の解雇が最も難しい国といわれていました。企業の家族意識や日本型経営のなかで、事業が不振でも人を切ることはしないという風潮があったのです。「一族一家」意識で、江戸時代の藩士のようなものでしょうか。

しかしこれでは、グローバルに戦えないという議論から、賃金の変動費化を目指した結果、全体の4割の勤労者が非正規となっているのが現状なのです。

逆に、米国などでは、ビジネスが停滞すれば、直ちに解雇することが許されています。また逆に、能力があって求められている人材は、経営者に対しては強気のことを言ってきます。すべての労働者が、プロ野球の選手のような雇用形態といえるでしょう。

労働者を解雇すると、ますます購買力が低下して不況が加速するかもしれませんが、自分の会社が生き残ることに必死なので、そんなことを考えている余裕はありません。

実際に、１９３０年代の米国の大恐慌では、失業率が25％くらいまで上がったそうです（２０１５年現在は５・５％です）。

また、先の欧州経済危機ではＰＩＧＳ（ポルトガル、アイルランド、ギリシャ、スペイン）の国々では失業率が上昇し、平均で軒並み20％を超えてしまい、一時的に若者の失業率が50％にも達したようです。

ひょっとしたら、わが国の失業率3％台の数字は、まだ幸せなのかもしれません。

一方、生涯雇用という日本型経営の名残で、「企業内失業者」がかなり存在するという説もあります。

それでも、社会全体の安定につながっているのではと思いますが、いかがでしょうか。

＊インフレになると失業が減る？

インフレも、経済学で「治癒」すべきターゲットです。最近ではインフレがやってくることを求めている中央銀行があります。日銀が最右翼でしょう。

2％程度のインフレならいいかもしれませんが、そこでうまく止まるものなのかはわかりません。

第一次大戦後、１９２２年のドイツでは、どうにもならないインフレに見舞われています。

パン一個１マルクだったのが、なんと2兆マルクになってしまったといわれています。２兆倍にインフレということになりますね。１００円のパンが、２００兆円になったと考えてください。

以来、ドイツの中央銀行であるブンデスバンクは、インフレ恐怖症になっていて、インフレを極度に嫌っています。わが国の当局が、１９５０〜60年代の貿易赤字で苦労して、黒字国になってもまだ赤字を心配しているのと似ていますね。兆倍のインフレになれば、日本の公的債務も、アンパンやジャムパン換算で数十個分ですから、それもいいかもしれないなんて、口が裂けても言えないですけどね。

ドイツの笑い話にこんなものがあります。第一次大戦で戦死した父親から遺産を相続した兄弟がいました。

兄は堅実で、すべてドイツ国債に投資して金利をもらうことにしました。怠け者の弟は、地下にワインセラーを作り、すべてフランスワインにして、生涯お酒に困らないようにしました。

１９２３年になり、ドイツをハイパーインフレ（大インフレ）が襲ったとき、兄の国債は紙くず同然となりましたが、飲んべえの弟のワインは、地下から1本持ってくるだけで、それなりの価値となり、勤勉な兄さんを助けたそうです。

こんなことがあったのも、デフレ傾向の先進国では忘れられてしまっていますが、お金持ちは徐々にインフレの準備をしていると聞きます。

日本でも、コーヒー一杯が10万円になったら、どうなるでしょうか。月給も1億円になるのでしょうか。

インフレになれば、何かそわそわして失業も減るという説があります。**インフレが起こると失業率が下がり、失業率が上がると物価が下がる**という関係を示したもので、「**フィリップス曲線**」といいます。名前ぐらいは覚えておきましょう。

感覚的には理解できますが、マネタリストのミルトン・フリードマンはこれを一刀両断にしているそうです。

まあ、諸説ありますが、失業やインフレをなくすために経済学を応用しようという点では、みなさん一致していると思っていいでしょう。

やるじゃん。

CHECK POINT

日本の非正規労働者が、労働者全体に占める割合はどれぐらいですか？

NUMBER

10

高齢者って、日本に何人くらいいるの？

童謡として有名な「船頭さん」は、みなさんも知っているでしょう。1941年、太平洋戦争の始まった年に生まれたようです。

「村の渡しの船頭さんは、今年六十のおじいさん」が出だしですが、「60歳のおじいさん」には違和感がありませんか？（私は断固、あります！）

60歳で年金が出た時代は、60歳でも十分におじいさんだったのかもしれません。

半世紀前くらいまでは、小学校、中学校の校長先生の定年は55歳でした。

最近では、大手企業が一応60歳で定年になるものの、65歳まで再雇用になり、70歳まで非常勤職で勤務できるところもちらほら出てきました。

日本人の平均寿命が延びているので驚くこともありませんが、定年以降も仕事を続ける元気な高齢者が増えているのはよいことでしょう。

一方、**医療費や年金関係の支出（社会保障費）は、今や国の予算の30％になって**

います。多いと思われる国防費の6倍程度ですが、それでも安心どころではないのが現状です。

お隣の中国や韓国も、今は元気がいいですが、少子高齢化で日本と同じ道をたどるといわれています。

ちなみに、中国は60歳以上の高齢者の人口が2億人を超えたそうです（総人口の15・5％）。規模が違いますね！

＊日本の高齢者は、全人口の何分の1？

日本はどうかというと、**総人口の4分の1以上が65歳以上**です。さらに、**その約半分が75歳以上**だそうです。

少子高齢化の傾向は止まらず、一人当たりのＧＤＰの世界ランキングも急低下（第27位）。町にもお金のない高齢者が増えてきています。

一度衰退したかに見えたアメリカも、世界の主要言語である英語を活かし、また移民の力で復活し、今のところは永遠に成長するかのように見えます。

英国の復活は、油田もさることながら、やはり英語を国語とする強さだったようです。さて、日本は、どのようにモメンタムを回復するのでしょうか？

何はともかく、**日本国民の4分の1が65歳以上だということ、さらにそのうち半分は75歳以上**だということは覚えておいてください。

やるじゃん。

CHECK POINT

日本国民のうち、75歳以上の人は何人いますか？

NUMBER

11

日本の年間自殺者数は何万人？

わが国でも超富裕層がいる一方で、**子どもの6人に1人が貧困家庭となっているのが現状**です。所得がきわめて少ない人や家庭の数が増えています。「1億総中流」といわれたのも、すっかり過去のことになってしまいました。今では、「格差社会」という言葉が、わが国でも身に染みて語られるようになっています。

そもそもカール・マルクスは、産業革命以降の労働者の悲惨な現状を見て、『資本論』を著したはずでした。貧富の差をなくすことが主眼の社会主義も、超富裕層が出現したロシアや中国の現実を見ると、驚嘆してしまわざるを得ません。

身近な例ですが、東京のある小学校の先生が、生徒があまりに小さな字を書くので、なぜかと理由を聞いてみたそうです。生徒が答えたその理由は、何だったと思いますか？

なんと、ノートが終わってしまうと次を買ってもらえないから、とのこと。これを聞いた先生は、ショックを受けたそうです。

また、夏休みが終わり新学期が始まって登校すると、とてもやせてくる児童がいるのだそうです。実際に見てみないと想像ができませんが、貧困家庭の子どもの数を統計上確認すれば、そのようなケースもある程度は想定されますね。

＊所得格差を数値で示す「ジニ係数」

こうした実感ではなく、数値として所得や富の集中度を測定するものに、「ジニ係数」や「ローレンツ曲線」というものがあります。

このうち「**ジニ係数**」は、昨今の格差議論のなかで話題に上ることが多いので、この機会に覚えておきましょう。

たとえば、国民全員が同額の所得を得ているとすれば、ジニ係数は0・00ということになります。逆に、王様が1人で富を独占し、残りの国民は個人所得なしの奴隷の状態であれば、ジニ係数は1・00となります。

中間のジニ係数0・5とは、トップ10%の人々が富の75%を取り、残りの90%の人々で25%を分け合う状態のことです。このままだと、国民の間で不公平感が蔓延し、暴動が起きる可能性があるかもしれません。

実際、年収10億円の人がいる一方で、年収200万円の人がたくさんいる現実を見ると、わが国のジニ係数が上昇していることを実感せざるを得ません。実際、**2014年のジニ係数は0・38超**となっています。

なぜ、そういうことになっているのだと思いますか?

その一つとして、**給与所得者5千数百万人のうち、2000万人もの人々が非正規雇用で、多くの場合、給与水準が低く、生涯賃金もきわめて低い**ことが挙げられます。先ほども出てきましたね。

＊日本の自殺者数は多いのか

そのような状況のなかで、一度病気や事故があれば生活が立ちゆかなくなってしまい、極端な場合は、悲しいことに自殺の道を選ぶことも出てきています。

２０１５年に報道されて話題になった、新幹線の中で焼身自殺した高齢者も、年金だけでは生活できないために自ら死を選んだのではないかとされています。

自殺は、失恋やいじめによるものもあるかもしれませんが、統計上は病気が原因のものが大半で、それに次いで経済問題となっています。病から将来を悲観したり、経済問題から精神を病んで自殺に至ることが大方のケースと思います。

さて、**日本の自殺者数はこの10年来、年間3万人を超えていましたが、直近はやや減少して2万5000人台**と報道されています。

年間におよそ１００万人が事故や病気で亡くなるとすれば、そのうち３万人近くの人が自殺というのは、私には異常値に見えます。

わが国で、年間３万人とも２万５０００人とも報道されるこの数字はどんな意味を持つのか。そしてそれは、世界と比較して異常なのかを考えてみましょう。

人口の母数が違うので、「３万人」という絶対数について議論しても、あまり意味はありません（より厳密な話では、各国で自殺の定義も異なるようです）。

一般的には、**人口10万人当たり何人が自殺するのを比較することで、大まかな国際比較が可能になる**とされます。

印象としては、わが国の自殺者数は、バブル崩壊後、特に増えたと感じていますが、実際のところはどうでしょうか。

実際に計算してみると、３万÷１億２７００万で、10万人当たりで見ると、年間24人程度の自殺者ということになります。

わが国の実績は世界9位程度のようですから、**世界順位は1人当たりのGDPランキング（世界27位）より上**ということになるでしょう。

自殺によって命を絶つ人の数は、比率でいうと日本は世界でもトップレベルになってしまいました。

一方、旧共産圏の各国、たとえばロシア、ハンガリー、カザフスタン、リトアニア、ラトビアなどは25人から40人の間。

政治制度が変わり通貨が暴落した共産圏での自殺者が多いのも想像できます。昨日までとまったく違うシステムになってしまったら、とまどいは大きなものになるでしょうから。

このように、各国別に10万人当たりの自殺者数を比較すれば、わが国が自殺大国なのか、それとも心配ないのかが簡単にわかります。

とはいえ、少なく見積もっても2万人が、自らの手で命を絶っているという厳然とした事実をどう受け止めるべきなのでしょうか。

理想的な社会福祉制度があれば、自殺が激減して結果的に社会コストもセーブできることでしょう。いや、それとも不謹慎者が大量に発生して、社会コストは天文学的に増えることになるのでしょうか。

社会福祉や制度の面から、自殺者を減らすことはできないのだろうかと真剣に考えるべき時にきていることだけは確かです。

やるじゃん。

CHECK POINT

日本のジニ係数は、およそどれぐらいですか？

0.336

NUMBER

12

2015年、日本を訪れた
外国人旅行者は何万人？

日本経済は停滞している。企業が貯め込んだ３００兆円以上のお金（**内部留保**）は、設備投資に容易に向かわない。

実質賃金は、現在の安倍政権発足以降、５％の落ち込みとなっており、底を打ったとしても上昇はしていない。安い賃金でアルバイトをしている人も多く、消費マインドは発火しない。

消費税も８％になり、いよいよ10％が見えてきた。国家はどうかといえば、公的債務の山をつくり、ＧＤＰ比率２００％時代となっている。

……なにか、明るい話題はないのでしょうか？

日本のＧＤＰ５００兆円のうち、60％は個人消費だとすでにお話ししました。

給料が上がらなくて消費がダメでも、設備投資がダメでも、原発事故以降、原油の輸入で貿易がダメでも、あのことがあれば希望が持てます。

「インバウンド効果」のことです。つまり、**外人観光客の増加**こそが、ほぼ唯一の希望の星なのです。

＊2015年のインバウンド旅行者は1900万人！

昔から旅行業界では、日々「インバウンド」という言葉を使っていました。外国から来る旅行者をそう呼んでいるのです。

今は、アジアからのインバウンド旅行者も多く、お金がうなるほどあるアジア人もたくさんいます。

この「インバウンド」という言葉は、この5年くらいはよく聞くようになりましたね。2015年のインバウンド旅行者は1973万人になったそうです（速報値、日本政府観光局）。2000万人も目前です。

とにかく、この数年はうなぎ上りで、**１か月に百数十万人の外国人が日本を訪れているのです。**

一方、日本人の海外渡航者、すなわち旅行業界でいうところの「アウトバウンド」の数は世界で第10位ぐらいです（１７４７万人）。

インバウンドを国別で見ると、２０１５年では中国から４９９万人、韓国４００万人、台湾３６７万人、香港１５２万人となっています。米国がそれに続いて１０３万人です。中国からの旅行客が圧倒していますが、全般に好調です。

それぞれを前年比で見ると驚いてしまいます。**特に中国からの訪日客は１０７％増**で、消費額は１兆４１７４億円と１５３％の増加だそうです。

＊インバウンド効果は、なんと2・7兆円！

2015年は、インバウンドとアウトバウンドの旅行者数が逆転しただけでなく、日本人海外渡航者の消費とインバウンド旅行者の消費金額が均衡し、**55年ぶりに旅行収支が黒字化**したのもよいニュースです。

インバウンドは、**500兆円のわが国GDPを、すでに2・7兆円も押し上げている**という調査結果もあります（第一生命経済研究所の推計による）。

2015年の夏、中国の株式市場が急落し、訪日顧客減少の可能性がささやかれましたが、特に影響もなく順調に数を増やしているようです。

その理由としては、円安の進行、観光ビザの発給要件の緩和といった要素に加えて、**LCC**（格安航空会社）の人気、日本の良いイメージの定着などが挙げられます。

２０００万人の旅行者が一人20万円のお金を使えば４兆円。今後、３０００万人時代も視野に入れているようですから、その場合は**６兆円もの消費増が予測されます**。

日本国内の消費が低調ななか、ＧＤＰ５００兆円の経済規模で６兆円の「おかげさま」があれば、さすがに一息はつけるでしょう。

やるじゃん。

CHECK POINT

訪日旅行者が多い国のうち、上位２か国はどこですか？

NUMBER

13

日本の穀物自給率は何％？

江戸時代では、有効労働人口の8割以上が農民だったそうです。「当家はもともと武士の家柄。めったなことでは、娘は嫁にやれぬ」というセリフをたまに聞きますが、本当はお百姓さんの子孫の場合がほとんどでしょう。

お隣の韓国では、聞けばほとんどの人が、先祖は両班《ヤンバン》という貴族だと言います。フランスでも、みんな自分のおじいさんは「レジスタンス」だったと言うのと同じでしょうか。

本当は、両班はごく一部で、レジスタンスも同様、武士階級も本当は数%で、ほとんどが農民であったと考えてよいと思います。

＊農家は以前の5分の1に激減している

では現在、日本の農民はどのくらいいるのでしょうか。2015年の「労働力調査」によると、**労働者の2%強で、170万人強が農業従事者**のようです。

60年前は１０００万人が農民だったようですから、**農家の数は5分の1に激減しているのです。**

加えて、農業従事者の平均年齢は、一般的に高齢者とされる65歳に近いと思われます。一言でいえば、１億２７００万人の食料を、１７０万人の高齢者が支えている状況なのです。

原油はコモディティなので、現代では市場でいくらでも買えます。したがって、心配はいらないという議論があります。

しかし、そのほとんどを海外に依存している食料の輸入が、いったん何かの理由で止められた場合、身動きできなくなるのは明白でしょう。

英国は、比較優位説で食料は大陸から輸入すればいいとの認識から工業化を推し進めていたところ、ナポレオンに封鎖されてしまった経験や、ナチスドイツが大陸を制覇した経験から、最近では穀物自給に舵を切り、２０１１年には統計上の自給率は１００%となっています。

実際、英国に行くと家庭農園も盛んで、自分で農作物を栽培して、仲間とは別の作物と交換しながら、家庭ベースで自給自足を完成させている人も多く見かけます。会社にピーマンを持ってきて卵と交換し、仕事中に自分の農産物をポリポリ食べながら仕事をする風景も当たり前になっています。

ともかく、国家レベルではＦＡＯ（国連食糧農業機関）の発表でも、**英国はいつの間にか穀物自給率１００%を達成しているのです。**

一方、わが国は原発事故に揺れ、ＴＰＰに揺れて、**穀物自給率は3割を切っています（2011年で28%）。**コメだけはがんばっていますが、国民支出ベースではパン代金に抜かれているようです。

高齢者家庭の朝食もパンが普通で、統計上、米飯は少ないようです。なんだかイメージと逆ですね。

＊世界の穀物自給率はどれぐらい？

ところで、**穀物の自給率は、中国、英国、ドイツ、ブラジル、インド、スウェーデン、米国、ロシア、タイ、みんな100％以上**です。

もちろん、農業大国のフランス、カナダ、アルゼンチン、オーストラリアはありあまるぐらいで輸出しています。あの雪深いスイスでも、50％は自給しているようです。

FAOは、心配なのはオランダ、韓国、日本など、自給率が3割以下の国と発表しています。

特に日本は、世界有数の農産物輸入国です。山形のサクランボなどのブランド商品は海外でも人気ですが、金額ベースでは過去最高とはいえ、まだ微々たるものです（７５００億円程度、２０１５年）。

逆に、**年間7兆円程度も農産物を輸入**しています。**日本の輸入額（2014年度で83・8兆円）の約10%が農産物**ということになりますね。

オランダの穀物自給率は14%ぐらいですが、農産物輸出入で見ると、大幅黒字国となっています。日本並みに穀物を輸入していますが、あの小さな国で、その1・5倍もの金額の農産物を輸出しているのです。

いったい何を作っているのか興味がわきませんか？　トマトを工場式農園で大量生産しているのは有名ですから、何らかの理由で小麦輸入がストップしても食べるものはありますね。各家庭でジャガイモも作っていますから、その点はまったく心配ないのでしょう（輸出額が大きいのは、花き類、チーズでした）。

一方、わが国は家庭に菜園もない状態で、外国が農産物の輸出をストップしてきたらどうなるのでしょうか？

これまでは、日本のコメを守り、農協を守っていたのが、徐々に崩れています。選挙も農民票では勝てない。「一票の格差」が指摘され、都市の有権者で浮動票を捕まえなければ当選できない時代になっています。

一方、細切れに分かれた農地をまとめて、空から種まきをすれば解決する問題でもありません。私たちの頭にひらめくことはすべて議論されているようですが、相変わらず休耕地や放棄地は細切れのままで、まとめると埼玉県程度の大きさになるといいます。

今後、ＴＰＰで海外から安いコメがますます入りやすくなり、コメ消費が逆に減少し、農民が老化し自給率が悪化するのはなんとしても避けたいところです。

ここで提案です。人口減少や耕作放棄地で空いた土地がたくさんあります。そこで、家庭菜園をつくり、それぞれ自給自足を目指してはいかがでしょうか。

または、英国をベンチマークしてまったく同じ行動をとり、江戸時代のように自給率100％を目指すのはいかがでしょうか。

ついでに言えば、公的債務のGDP比の異常値は、英国も第二次世界大戦直後に経験しています。不可能に見えた脱出作戦は成功しているのです。これもベンチマークしたらいかがでしょうか。

やるじゃん。

CHECK POINT

日本の農業従事者が、労働者全体に占める割合は何％ですか？

NUMBER

14

原油はいま、1バレル何円？

日本は１９４１年12月8日、ハワイの真珠湾を攻撃してしまいました。背景はたくさんあるようですが、直接の大きな理由は、日本に対する石油の禁輸でしょう。日本国内で原油が採れれば、こんなことにはならなかったかもしれません。

現在もその状況はあまり変わらず、１日の原油使用量が約４５０万バレルなのに対して、新潟県などで産出する産油量は日量わずか3万バレル程度です。「油の一滴は血の一滴」などという言葉もあったように、油の輸入が止まれば日本経済はひとたまりもありません。

もう１つ、重要な戦略商品があります。これさえあれば泣く子も黙る、何とでも交換できるもの。何でしょうか？　そう、「金《きん》」ですね。

銀でもプラチナでもパラジウムでもかまわないのですが、やはり**金が最も便利で一般的な最終的交換手段です**。東西冷戦時代では、旧ソビエト連邦や中国との貿易決済があるときは、最終的には金での調整となったようです。

この金と原油こそが、私たちの時代の「2大戦略的重要商品」ということになります。言い換えれば、**金と原油の価格さえ押さえておけば、当面は十分だということです。**

＊ 原油価格は急落している

さて、この最重要戦略商品は、いったいいくらぐらいするか、ご存じでしょうか？

ガソリン1リットルの値段は、うろ覚えでも知っていますよね。今はだいたい110円ぐらいでしょうか。

はい、では原油の値段はいくらでしょう？　時々刻々と変わるものですが、だいたいの値は知っておきましょう。

みなさんもだいたい想像がつくと思いますが、**経済成長が著しいときには、原油価格は上昇します。**不況になれば下落します。

たとえば、最近の好況期だった2008年のリーマンショック直前には、1バレル当たり150ドルあたりまで上昇しました。その後、30ドル台に下落し、**2016年2月現在、30ドルを割り込んでいます。**

この1バレルは159リットル（42ガロン）です。ドラム缶が200リットルなので、それより少し小さい入れ物を想像するとちょうどいいでしょう。この量の油の値段が、3500円から1万5000円の範囲で変動しているということになります。

日本では1日当たり、ドラム缶で400万本程度消費されるという計算になります。世界で有数の原油消費国家といえますね。

＊ところで、WTIって何？

原油価格についてのニュースなどで、「WTI（ウェスト・テキサス・インターミディエート）は1バレル50ドルでした」というのを聞いたことがありますか？

このWTIというのは、「アメリカで算出される低硫黄で高品質の原油」のことです。原油は、リンゴやミカンなどの農産物と同じで、産地によって質が異なっているのです。

原油の場合は「油種」といいますが、油種によって値段も違ってきます。

硫黄分が多くてコールタールのような油から、そのまま揮発油やガソリンになるような軽いものまで種々雑多を含めて、すべて「原油」と呼ぶので、原油ビジネスでは産地がどこかということが重要になってくるのです。

そういうわけで、代表的な油種である**米国のテキサス州の西地区で産出される普**

通油種を「ＷＴＩ」と呼んでいます。この油の値段が基準となって、他の油価が決まってくるという仕組みです。

しかし、このところは、別の代表的な油種である**「北海ブレント」**の価格が使われることが多くなりました。

これは、イギリスとノルウェーの間の海上油田として有名な北海油田のブレント層から産出される油種で、ＷＴＩの価格から数ドル前後高い値段で取引されているようです。

ともに、現在のところ30ドル前後ですが、今後のことは誰にもわかりません。

しかし、１バレル＝１５０ドルから５分の１に下落しているわけですから、日本のガソリンスタンドでも、もう少し安くなってもいいはずですよね。

税金が１リットル当たり50円以上かかっているので、ガソリン価格は下方硬直しているのでしょう。今後、また原油価格が上昇することがあれば、そのときにはガソリンも値上げされると予想されます。

＊金の価格はどうなっているか？

続いて、もう１つの戦略商品が「金」です。５００ｇなり１kgなりの金の塊を手にすると、思った以上の重さに驚き、至福の感覚を味わえますよね（私だけ？）。

金は、インフレや社会不安のあるときや、地政学的に不安定な地域では選好されます。原油は１バレル＝30ドル程度でしたね？　では、金はいったいいくらくらいするものなのでしょうか？

金貨は、オンス（１オンスは約30ｇ）や２分の１オンスなどの目方を使い、金塊はｇ／kgを使うようです。現在の価格で、５００ｇなら２５０万円、１kgならなんと500万円程度です。

すなわち、**金の価格は1g当たり5000円前後**になりますね。

各国の中央銀行の大金庫には金塊があります。金利を生まない金を保有することは、時代遅れという説もありますが、金利自体がきわめて低い今では、金を持ちたい新興国の中央銀行もあるようです。

ときどきインフレが起きて貨幣価値が下がり、またデノミの経験があるためか、フランスの中央銀行は金が好きなようです。

弱い通貨であったフラン時代には、中央銀行の金庫に入っていた3万トンともいわれる金塊を、1939年ドイツ軍によるパリ占領の直前に運び出して、フランス領のセネガルなどに疎開させたという話が伝わっています。

ひょっとしたら、通貨という共同幻想が消えたとき、人間が最後のよりどころにするのは金なのかもしれません。仮に原油をいくら買い込んでも、かさばるので保管に難儀します。

金だと、10kgや20kgならば、机の引き出しにも保管することができます。つまり、どこでもしまい込むことができる**20kg程度の金塊があれば、いつの時代でも1億円程度の価値が享受できる**のです。

欧州の小国・ベルギーでは、普通の家庭にもそんな習慣があります。決して自慢したり、他人に話したりしないのですが、自分の生活規模に合わせて、適宜、金塊を保有しているようでした。

二度の大戦でドイツ軍に占領され、軍隊も弱く、ユーロ加入以前は通貨も弱い国だったので、それが生きるための知恵だったのでしょう。

わが国も、見た目の豊かさだけではなく、したたかに生きる術を学ぶべき時代に来ているのではないでしょうか。

みなさんも、**おおよその金価格と原油価格を頭に入れ、それを、生涯アップデートし続けるようにしましょう。**

金と原油が戦略商品のチャンピオンの地位を確保するのは、みなさんが社会人として活躍する間はほぼ確実ですから。

やるじゃん。

CHECK POINT

金の価格はいま、1g当たり約何円ですか？

NUMBER

15

オーストラリアドルって1ドル何円くらい？

みなさんは、1ドルいくらか知っていますか？「今は、118円くらい」とか答えられると、「やるじゃん！」という感じがします。

では、ユーロはどうでしょうか？ ポンドはどうですか？

1ユーロはだいたい130円、1ポンドは172円ぐらいです。テレビのニュースでもほぼ毎日のように伝えてくれていますので、よく見る人もいるでしょう。

その昔は、1ポンド、1マルクの値が重要でした。今は、実はオーストラリア（オージー）ドルの値が重要かもしれません。

G7の国でもないオーストラリアですが、**日本人は数兆円規模でオージードルを保有している**からです。そのため、オージードルについてくわしい人がいます。

今では、**ドル、ユーロ、ポンドはもちろん、韓国のウォン、中国の人民元、そしてオージードルのおおよその値を押さえておけばよいでしょう。**

ちなみに、いま1オージードルは80・0円です。

＊ 戦後は、1ドル＝360円だった

その昔、通貨は固定相場制でした。そして固定相場で耐えられなくなると、通貨の切り下げや切り上げが起こりました。

わが国の円も、戦後長らくドルは360円、ポンドは1000円程度で固定されていたのです。

日経新聞のここをチェック！

外為市場（22日）

◇円相場

（銀行間直物、1ドル＝円、売買高は前日、終値は17時、寄付は9時時点、日銀）

		前日
終値	112.87—112.89	112.95—112.96
寄付	112.51—112.54	113.27—113.29
高値	112.43	112.72
安値	113.05	113.38
中心	112.92	112.90
直物売買高		99億5100万ドル
スワップ売買高		620億1500万ドル

◇名目実効為替レート指数

日銀（1999年1月＝100、前日分）

◇主要通貨の対円レート

（17時、東京金融取引所・ＦＸ）

英ポンド／円	1ポンド＝160.34～160.40円
豪ドル／円	1豪ドル＝80.930～80.960円
スイスフラン／円	1スイスフラン＝113.64～113.69円
カナダドル／円	1カナダドル＝82.04～82.09円
ＮＺドル／円	1ＮＺドル＝75.19～75.23円

◇主要通貨の対ドルレート

（17時、カッコ内は前日終値）

英ポンド	1.4208—1.4212
（1ポンド＝ドル）	（1.4313—1.4317）
スイスフラン	0.9927—0.9931
（1ドル＝スイスフラン）	（0.9922—0.9926）
豪ドル	0.7168—0.7172
（1豪ドル＝ドル）	（0.7111—0.7115）

◇上海市場＝中国人民元

（銀行間取引、17時30分現在）

米ドル	6.5195
（1ドル＝元）	（6.5204）
日本円	5.7719
（100円＝元）	（5.7727）

◇対顧客米ドル先物相場

（三菱東京ＵＦＪ銀、円）

日本経済新聞 2016年2月23日付朝刊より

１９６４年の東京オリンピック以降、本格的な国際化と経済成長が同時に始まり、これに目をつけた海外の投資家は、日本の株式を大量に買いはじめました。

そのころの日経平均は１０００円割れ寸前で、むしろ日本人は本格的な国際化に日本経済は耐えられないのではないかと心配したようです。しかし、外国の投資家は逆で、これから日本が世界を席巻していくと見たのでしょう。

国際分散投資ですぐれた成績を残している英国の投資家は、１０００円分のポンドを円に換えて、日本の株式を日経平均１０００円程度で買ったのでした。米国の投資信託も３６０円でドルを売って円を調達して、安値になった日本株を買い込みました。

今でも株を持っていれば、英国の投資家は、株で20倍、為替で6倍と、１２０倍に資産を増やしたことになります。米国の投資家も同様に１００倍近くになっています。

その間、為替も株も大きく動いていますので、高値のときに売却していれば、300倍になった可能性もあったでしょう。

＊日本経済はじり貧、それでも円はなお人気

さて、日本の経済も長らく停滞しています。今後も回復することもなく、じり貧が続くのかもしれません。

日本の財政事情は最悪です（国の国債残高はどれぐらいでしたか？↓答えは50ページ）。それでも、**円は相変わらず国際的に人気通貨の位置を維持しているようです。**

その理由は簡単です。景気の良いときに海外に投資した財産がたまり込んで、**対外純資産が世界第1位**のままだからです。2014年まで24年連続1位、370兆

円くらいにまで増えています。

そこから、配当や利息、売買益が日本に毎年入ってきます。だから、本国は一見、財政赤字が巨大ですが、その赤字は国債でまかなわれているとしても、国債は9割以上日本人が保有しているので、他国からは赤字は見えません。ただの成長率が落ちたお金持ちの国に見えてしまうのかもしれません。

したがって、「有事の円買い」という言葉どおり、**世界の金融市場が混乱すると円は値上がりしてしまう**のです。

あるとき、リーマンショック前と比較して、主要通貨のレートが円に対して半分になってしまった時期がありました。そのとき、高い円を利用して、外国へ投資をすればよかったのですが、外国のこともよく知らずに、一生懸命に今までどおり製品をつくって輸出しようと努力していました。

外国からすれば、2倍の価格になった日本製品はなかなか買うことはできません。そのため、日本全体で苦しい不況が続いてしまったのです。

最近は、やっと少し円安ムードになったので、外国、特に東南アジアの国々から観光客がやってくるようになっています。

ボーダーレスの時代に、為替はとても重要です。なかでも、**G7の国々の通貨は対円でどのくらいかを見ておくべきでしょう。**

加えて、お隣の国である中国、韓国はもとより、オーストラリアドルまで覚えておくと「やるじゃん！」と言われるかも⁉

やるじゃん。

CHECK POINT

いま、1ドル（アメリカ）、1ユーロ、1ポンドは、
何円ぐらいですか？

NUMBER

16

世界は、どれくらいのペースで拡大している？

日銀短観や米国雇用統計など、毎月、毎四半期ごとに発表される数値にはたくさんのものがあります。ニュースで聞いたこともありますよね。

ウォッチャーたちは、これらの数字に一喜一憂しますが、それも当然。**発表される数字で為替や株式が大きく変動する**からです。

米国の証券会社の社員が数字をこっそり早く教えてもらったことがバレて捕まったり、ブルームバーグも特別料金の契約先に数秒早く数字を流したりと、いろいろな事件も過去に起きているぐらいです。

＊「世界経済見通し」は要チェック！

みなさんが押さえておくべき数字にもいろいろありますが、IMF（国際通貨基金）が四半期ごとに発表している**「世界経済見通し」**という、とても重要なレポートがあります。

経済紙や有力日刊紙は、必ずその数字を掲載しています。**1月、4月、7月、10月の初めに発表**されますが、みなさんご存じでしょうか。

これは知っておいてください。**これを見れば、世界がどちらを向いているのか一目瞭然だからです。**

それを隅から隅まで読むことは、エコノミストであれば必要ですが、みなさんは、そんな発表があるということ、その数字が世界中で注目されているということ、そして**前回の発表からの変化も注目される**ということを知っていれば十分でしょう。

数字は、世界全体と、先進国、新興国、それぞれの主要国の実質経済成長率を表にした形で新聞に掲載されています。1、4、7、10月の月初は、数字待ちでそわそわして落ち着かなくなれば立派なものです。

飛行機に乗ると、いま時速何キロで飛んでいるのか、気になることがありませんか？　着陸でもないのに、時速100キロとなったら墜落してしまいます。

同じように、**世界経済がどの程度の速度で拡大しているのかがわかるのが、この「世界経済見通し」なのです。2016年は3・4%と発表されています**（前回は3・1%でした）。

世界経済も、飛行機のように、いつかどこかで墜落するかもしれません。3%以下だと墜落の危険が出てきます。もちろん、好況もあります。

IMFのレポートには、前回調査からの変化率も発表されますので、変化もよく見て今後を予測してみましょう。

やるじゃん。

CHECK POINT

2016年の「世界経済見通し」は何%ですか？

CONTENTS

NUMBER 1 → NUMBER 5

CHAPTER 2

知っていると

日本経済が身近になる5つの話

CHAPTER 2

NUMBER

1

「ROE」、「CSR」って何の略？

突然ですが、「ＳＰＡ」というと、みなさんは何を想像しますか？

本屋さんに行けば、「ＳＰＡ！」という週刊誌がありますね。健康ランドも「スパ」ですし、温泉のことも「スパ」といいます。欧州に行くと、「ＳＰＡ」は人気のミネラルウォーターです。

経営学や小売業の世界では、大成功しているユニクロなどの事業形態を「ＳＰＡ」(speciality store retailer of private label apparel) と呼びます。日経新聞で「ＳＰＡ」という言葉が出てきたら、たいていはこのことを指すと考えていいでしょう。

このように、ＳＰＡにはたくさんの意味がありすぎますが、日常でアルファベット3文字の言葉を使うことはよくあります。

ＪＡＬが日本航空、ＡＮＡが全日空ぐらいは知っていると思いますが、ＣＥＯ、ＣＯＯ、ＣＦＯはわかりますか？　とても頻繁に使用される3文字です。

では、ＥＣＢ、ＢＯＥ、ＦＲＢ、ＢＯＪはいかがですか？

これらは、日経新聞を開けば、毎日必ずと言っていいほどお目にかかれます。

ＰＥＲ、ＥＰＳ、ＰＢＲも日経新聞では常連です。

新聞記者は、読者がこの3文字の意味を理解しているものとして記事をまとめています。すべて知ってしまえば、あきれるほど簡単です。

投資や経営指標にも3文字が多用されています。ＢＰＳ、ＥＰＳ、ＰＥＲ、ＥＳＧ……。これらについて、たちどころに意味が理解できている人は、次の章に進んでよいでしょう。

よく使われるのは、せいぜい30種類ぐらいです。丸暗記でも意味をしっかり勉強してもいいのですが、**30程度の3文字をマスターしたら世界は違って見えますよ。**

この数年、特に露出が多いのがＲＯＥとＣＳＲです。いま、入社試験や面接でもよく飛び交う言葉のようです。

ROEは「株主資本利益率」（Return on Equity）、CSRは「企業の社会的責任」（Corporate Social Responsibility）の意味です。

日経新聞はもちろん、他の日刊紙でも、この言葉を新聞紙上で見ない日はないぐらいです。ここで最低限、意味は押さえておきましょう。

＊ ROEが高い＝「収益性が高い」

まず、ROE。日本の企業は、このROEが低いことで批判されてきました。

大型の民営化案件で、IPO（これも3文字！「株式公開」の意味です）である日本郵政とかんぽ生命、ゆうちょ銀行の株式は、日本の投資家には人気ですが、外国人にはイマイチのようです。

ＲＯＥが３％台だからです。外国の投資家は、原則2ケタのＲＯＥがない企業への株式投資は躊躇します。ビジネスで稼がない企業には興味がないのです。

しかし、日本人が大量に郵便３社の株を買えば、外国人投資家も、インデックスをフォローするために買いを入れてきます。一言でいえば、**「投資のキー」となるのがＲＯＥ**なのです。

このＲＯＥは、資本金と今までに貯め込んだ利益を使ってどれだけ儲けることができたかを見るときに使う言葉です。１％では低すぎるでしょうし、50％ということは考えられないでしょう。

１億円を使って、５０００万円の利益を上げることを想像してみてください。ヤバいビジネスに違いないと思います。

逆に１％、すなわち１００万円の利益であれば、事業を行うまでもなく、社債や償還の長い国債を買えばよく、経営者の才覚は必要ありません。株主にしてみれば、お金を返してくれと言いたくなるでしょう。

一方、**欧米では2ケタのROEが期待されます**。わが国では、株主がおとなしいのか、企業間株式持合が一般的で相見互いなのか、ROEはとても低い状態でした。

しかし、わが国でも昨今、ROEが10%を超えた場合、役員にボーナスを出すというようなインセンティブをつける会社も散見されるようになりました。

年功序列、生涯雇用、いわゆる御用組合と3点セットでむしろ成功してきた日本的経営が破壊され、妙な成果主義と目先的金儲け主義が散見されるようになったのは残念なことですが……。

＊ CSR＝「企業の社会的責任」とは？

一方のCSRは、社会に対してよき〝企業市民〟を目指すということです。

日本にある米国系の企業は、たとえば社員総出で休日に河原を掃除したり、社会貢献をしたり、持続可能社会のために努力しているのを耳にします。

わが国の企業も、外国人持ち株比率の高い企業を中心に、CSRの努力をしています。

試しに、上場企業のホームページを確認してみてください。どの企業も例外なくCSRのページを確保し、いかに熱心にCSRを展開しているかを披歴しています。

世はまさに、「CSR時代」の様相を呈しているのです。

日本企業の場合、ROEの基準で金を儲け、CSR基準で費用のかかることをせざるを得ません。日本は独自の基準があったのですが、世界がそちらの方向であり、ボーダーレスになった現在、わが国の企業経営は難しいかじ取りが要求されています。

その一方で、株式投資を生業としている年金運用者は、血まなこになってROEが高くなる会社を探し、それが高い会社だけをまとめたファンドに投資したりします。儲けるのが上手な会社に投資するのです。

ただし、自己資本が小さくて借入金の大きい会社でも、ビジネスが好調であればROEは高くなります。一方で、大変コンサバで、借入金はゼロ、現預金が山のようにあり、自己資本比率が高い会社は、ROEが低くなってしまうので注意が必要です。

しかし、突然危機が訪れたとしても、このような会社は安泰です。銀行などの求めに応じて返さねばならない借金はないのですから。

＊ SRI、ESGも覚えておこう

一方、CSRの熱心さに注目したSRI（**社会的責任投資**）もかなり注目されています。

それは、投資対象を選択する際に、企業の成長性や財務の健全性などに加え、環境、人権、社会問題などへの経営の取り組み、「企業統治」といういわゆるガバナンスを重視するということです。

ESG（Environment, Social, Governance）も、投資の際に考慮する基準の1つです。欧州は特に熱心で、この考えがない企業には投資しません。たばこ、対人地雷などの製造にかかわる企業は、投資対象から外れています。

この考えも流行りです。しかし、逆に禁止銘柄への投資がよい成果を上げているという話もよく聞きます。

一方で日本には、古来よりどんな状況でも行動規範となりうる基本思想があります。ここに立ち返れば、世界中どこへ行っても、大きく道を踏み外すことはないでしょう。

それは、近江商人の基本的考え方〝**三方よし**〟です。この言葉、すなわち、「売り手よし、買い手よし、世間よし」に、このROEとCSRの基本が凝縮されている気がします。

やるじゃん。

CHECK POINT

SRI、ESGの意味は何ですか？

略称	意味	解説
LCC	格安航空会社	出張の際、「ＬＣＣを使え」と言われて、「それって何ですか？」と聞かないように
Ph.D	博士号	名刺に印刷している人もいますね
MBA	経営学修士	米大手企業の幹部の多くはこれを持っています
BOJ	日本銀行	外国人は日銀をこう呼びます
FRB	連邦準備制度理事会	どこにも銀行と書いていませんが、米国の中央銀行です
ECB	欧州中央銀行	欧州の中央銀行ですが、フランスやイタリアではBCEといいます
IMF	国際通貨基金	通貨危機だと助けてくれます。早く出動しすぎて危機が悪化することもあります
CEO	最高経営責任者	社長のことですが、これを使う人もいます
CFO	最高財務責任者	昔であれば、財務担当の専務といったところです
COO	最高執行責任者	いわば副社長ですが、これが流行りのようです
CPA	公認会計士	読んで字のごとしです
CSR	企業の社会的責任	上場中の全企業がお題目としています
GDP	国内総生産	もう説明する必要はありませんね？
VAT	付加価値税（消費税）	欧州では、消費税とほぼ同義語でこの言葉を使います
ROE	株主資本利益率	最近の企業経営の流行りです。いくら金を入れたので、いくら儲かったという話

よく見る３文字30選

略称	意味	解説
KPI	重要業績評価指標	コンサルタントが企業に乗り込んだら、これを振り回すことも？
SPA	製造小売業	成功している小売業のからくりです。問屋から仕入れるのではなく、自分で作ります
POS	販売時点情報管理	この管理の天才はコンビニです。私がおにぎりを買う間に中年男などとインプットされています
LNG	液化天然ガス	原発の休止中に大活躍です。タクシーもこれで走ります
TSE	東京証券取引所	ニューヨークがNYSEなら、こっちはこれだ
FDI	外国直接投資	新興国経済にとっては最重要事項です
ETF	上場投資信託	日銀がREIT（不動産投資信託）とともに買い込んでいます。実質、株ですね
WTI	西部テキサス産原油	北海ブレントとともに重要有名油種で、世界の原油価格の指標です
PER	株価収益率	株価が利益の何倍かを見る指標
TOB	株式公開買い付け	上場会社を丸ごと買いたいときにこれが出てきます
ESG	環境・社会・統治	上場企業の２番目の関心事です。１番目は利益ですよね
AAA	最高信用格付け	一番つぶれそうもない国や機関や会社につきます
SPC	特定目的会社	商法上の会社ではありませんが、経済・金融ではときどき出てきます
M&A	企業の合併、買収	すでに日常の言葉になっていますね
RMB	中国人民元	英語で書くとこうなります。なんのこっちゃと言わないように

NUMBER

2

「時価総額」世界第1位の会社はどこ?

その昔、大きな会社といえば、鉄や石油の会社と相場が決まっていました。しかし、今はネット社会。モノの時代から情報の時代にシフトしています。したがって、大きな会社も顔ぶれが変わってきています。

わが国の時価総額（→61ページ）の大きな企業を見ると、銀行と国営から民営化した企業がほとんど。素手でゼロから立ち上げて、大手になったところは少なくなっています。

逆に米国では、AppleやGoogleなど、ＩＣＴ（情報通信技術）株が上位を占めています。全世界の70億人以上の人が例外なく使うかもしれないものを扱っている会社が主役になったといえるでしょう。

ほかには、Amazon、Facebook、Microsoftなどです。みなさんも、これら企業のお世話になっているのではないでしょうか。

★ 世界第1位の企業はApple?

さて、時価総額世界一の会社はどこかといえば、現在のところやはりAppleです（2016年になって、Googleの持ち株会社・Alphabet社に首位を譲ることも出てきました）。**時価総額は70兆円に近く、日本一のトヨタ自動車の3倍程度です。利益は5兆円程度。**なんと、日本の防衛予算と同額の規模となっています。それもそのはず、自宅で少し探してみると、すぐAppleの製品が出てくるという人も多いのではないでしょうか。

今でこそ、大ヒットを連発しているApple。元はといえば、少しユニークな青年が自宅でパソコンを作りはじめたことがスタートです。

ノートパソコンといえば、最初に売り出したのは東芝ですし、ウォークマンもソニーが広めたものですね。しかし、Appleは果敢に革新をし続けて、MacやiPod、 iPhone、iPadで大成功を収めています。

日本企業も、この手のものは得意だったはずです。いったい、どうしたのでしょうか。

いま、掃除ロボットや羽根のない扇風機が人気ですが、ともに日本企業がかなり前に特許を取って実用化していたそうです。なのに、なぜ売り出されなかったのでしょうか。

一説には、社内で大反対があってお蔵入りしたそうです。日本家屋には仏壇があり、留守中に掃除ロボットが仏壇にぶつかり、ロウソクを倒して火事になったら責任問題だというのだそうです。羽根のない扇風機も、やはり社内でつぶされたといわれています。

音楽の子会社を持ち、技術はAppleよりも蓄積があるはずのソニーが、なぜ大ヒット商品のiPodのようなものを発売できなかったのかも不思議ですね。

Appleは、証券市場では時代の寵児となり10年にわたってスターですが、それまでは紆余曲折もあったようです。

一時は、創業者のジョブズがAppleを追い出され、経営危機に陥り、現在は瀕死のシャープがAppleを買収する話もあったとされています。

そのときに、シャープがAppleの株をほんの５％でも取得していたら大変ことでしたね。その財産だけで数兆円にもなっていますから。

ソニーやパナソニック、シャープにも、Appleやダイソンの代わりに大成功するチャンスがいくらでもあったはずですが、日本型サラリーマン会社の弱さが原因かもしれません。

しかし、残念なことに、創業者でカリスマ経営者のジョブズは２０１１年、56歳で亡くなりました。すい臓がんだったようです。ちなみに、任天堂の岩田聡社長も、

2015年に55歳で、奇しくも同じ病で亡くなっています。

＊「FANGは売るな」!?

最近、よく聞く言葉に「FANG」があります。辞書を引くと「牙」という意味ですが、米国の株式市場では2015年半ばに、「ほかのものは売ってもFANGは売るな」と言っていたそうです。

この「FANG」、何だかわかりますか? 実は、Facebook、Amazon、Netflix、Googleのイニシャルです。本業以外でも、新しい技術革新を断行している企業群です。

Netflixは、オンラインDVDレンタル、映像ストリーミング配信事業の会社です。定額制で映画見放題ということで、日本でも話題になりました。

革新を拒めば退場を迫られる米国市場は、世界のフィルム市場をわが物顔にしていたあのコダックでさえも破綻、という厳しい世界。

そんななか、ソーシャル、モバイル、シェア、クラウド、ビッグデータ、IoT、人工知能、３Ｄ、ロボット、自動運転、ドローン、フィンテックと、はやりものすべてに絡んでいるのが、この「ＦＡＮＧ」なのです（そこに、現状でのチャンピオンであるはずのAppleが入っていないのが心配ですが）。

Googleは２０１５年、「検索エンジンのGoogle」といわれるのを嫌ったのか、会社の変革を念じた結果なのか、持ち株会社「Alphabet」を設立し、組織を再編成しました。そして、ついに時価総額でAppleを脅かす存在になっています。

Amazonも同様に、驚異の変革を目指していますが、強烈なリーダー、ジェフ・ベゾスの次の一手が待たれます。現在の株価は、すでに次の一手が出てくると読んで織り込んでいるようです。

いずれにせよ、悔しいですが、米国1位の企業が世界1位の企業と同意語になるのでしょうか。そして、その企業がMicrosoftからApple、そしてGoogleへと活力あるリレーがなされていることも知っておきましょう。

やるじゃん。

CHECK POINT

Appleの時価総額はおよそ何兆円ですか？

NUMBER

3

「ブルーオーシャン戦略」って何だ？

経済学がインセンティブ（利潤動機）について学ぶものであれば、経営学はインセンティブの刺激の仕方を学ぶ学問です。これが成功すると、企業は順風満帆となり拡大しますし、間違った判断をすると超大手企業でもあっさり消えていきます。

フィルムのコダックは、一時フィルムのシェアの9割を占めていたと記憶しています。また、デジカメの台頭でフィルム各社はダメージを受けましたが、コダックはソニーのマビカとともにデジカメの開発に成功していました。

しかし、2012年に破綻してしまいました。なぜ消えたのか、興味は尽きません。その一方で、フィルム業界のライバルだった富士フィルムは、今もますます元気です。

成功企業の秘訣を学ぶのが「経営学」

経営学を学ぶと、企業の成功の秘密と失敗の本質に迫ることができます。残念ながら、大学では、テイラー、フォード、ホーソンの話が続くと、6月ごろに経営学が嫌いになってしまう学生もいます。そこをとばして、マーケティングのコトラーや、戦略のポーター、クリステンセンが出てくると、学生もあまりの面白さに目が輝いてきます。

特に、実際の生活のなかにいろいろなヒントが隠されているのが経営学の楽しいところ。そのヒントをもとに、大成功した企業を分析してエッセンスを抽出し、現実のビジネスに利用しようと考えます。ですから、成功企業とはいえ、理論が先か、現実が先かわからないことも多いのです。

今や、トップ企業のアサヒビールやAppleにも不遇の時期がありました。トヨタも日産も同様に、明日までと思われた時期があったようです。

たとえば、アサヒビールは１９８０年代初めごろ、シェアの低下に苦しんでいました。住友グループがついているとはいえ、市場シェア10％となり大いに疲弊していました。彼らがとった手段は、経営学に忠実なものであったと思います。
市場の変化、市場のニーズに合った商品を提供することで、15年近くかけて王者キリンをついに凌駕したのです。

話は飛びますが、理容業界についてちょっと考えてみましょう。理髪店に行く目的は「髪を切る」ことです。あとはいらないはず。では、「1000円もらって髪を切るだけ」というビジネスが成り立つのではないか。

サービスをすべて分解して、本質のところを売るビジネスがあります。これを「アンバンドル」と呼びます。包んであったものをほどいて一部を売るという意味です。

日常の生活でもアンバンドルのチャンスを発見すれば、ビジネスとして成功するかもしれません。こうして成功したのが「QBハウス」です。「10分の身だしなみ」が売りの理容店です。

＊「ブルーオーシャン戦略」ぐらいは知っておこう

現代は厳しい競争社会です。商品もすでに飽和状態ですが、発想を少し変えるだけで大成功のチャンスがあります。

たとえば、メガネ。メガネは視力の弱い人が対象の商品です。すでにメガネ屋さんや、メガネチェーンもたくさんあります。ここで発想の転換です。視力の弱くない人やコンタクトの人にメガネを買ってもらえば市場は倍になるのではないか？

この発想で急拡大したのが「JINS」です。パソコン・スマホから出るブルーライトをカットする機能的なメガネが大ヒットしました。

「目のいい人にメガネを」という、たとえて言えば、サメのいない海で泳ぐような気持ちのいいビジネスとなります。これを「ブルーオーシャン戦略」といいます。

一言でいえば、競争の激しいところで消耗戦を繰り広げるよりも、サメのいない青い海でのびのびと稼げ、ということです。

もちろん、ブルーオーシャンも時間がたてば、サメが次々と集まってきて、血の海となります。

かつて、この「ブルーオーシャン戦略」というわかりやすい考え方は一世を風靡し、ベストセラーとなりました。

すべての企業は、そうしたいができない。偶然、敵のいない青い海で事業を展開できることもありますが、基本は消耗戦を生き残っていくしかないのが現実です。

やるじゃん。

CHECK POINT

「QBハウス」や「JINS」は、どのような戦略で成功を収めましたか？

CHAPTER 2

NUMBER 4

「401(k)」って知っていますか?

＊金融の世界で「DC」といえば、何のこと？

かつて「DC」といえば、飛行機のことでした。現在でも人気のある双発機にDC3があります。美しいジェット機DC8に、事故が続いたDC10という3エンジンのジェット機もありました（みなさんはご存じないでしょうが……）。「DCブランド」もありました。今のみなさんは、「DC」といえばクレジットカードかもしれませんね。

しかし、金融でDCといえば**「年金」**のことです。すでにみなさんも、厚生年金に加入済みでしょう。**「401(k)」**（**確定拠出型年金**）という言葉とともに聞いた方もいると思います。

今年も、驚くような大企業が401(k)の導入を発表しています。今後もますます増えてくるでしょう。

＊「確定拠出型」って、何がどうなること？

ドイツのビスマルクが年金制度を導入した時代は、労働者が年金支給年齢になるころには、寿命も尽きるだろうという思惑があったようです。アメとムチで、労働者をうまく働かせたのでしょう。

しかし、日本のように平均寿命が延び続ける場合は、**「長生きリスク」**が生じます（この言葉は英語にもあります）。

長生きは、本来喜ばしいはずのものですが、老後、資金不足で困窮するリスクがあり、年金を支払う側にとってもリスクがあるということです。本人のリスクも深刻ですが、企業や保険会社の困惑は相当なものでしょう。

昭和の時代までは、役所の定年は55歳だったと記憶しています。私も、55歳で定年退職する校長先生に花束を贈った記憶があります。

戦後に日本経済の復興を担った企業は、大企業中心に社員福祉の一環で、企業年金を組織していました。社員から毎月徴収した金に、企業側からも資金を提供して貯め込んでおき、60歳の定年退職時から年金を支給する仕組みでした（**確定給付型**）。

企業側は、のん気に年率5・5％などの利回りを保証し、終身で金を払う約束をしてしまったのです。

かつては、国債に投資しても金利が8％の時代でしたし、男性の平均寿命は60歳でしたから、ビスマルクのように企業年金制度を、山や海の保養所と同様に、気軽に開設したのでしょう。企業にとっても、まんざら悪い話ではない時代もあったようです。

しかし昨今、10年国債の金利は0・1％以下で、平均寿命は80歳に延びてしまい、企業にとっては危険な約束となってしまいました。

そして、長引く低成長や円高で本業が振るわないところに、かつて約束した大人数の団塊の世代に向けて企業年金の支払いが始まったのです。

企業にとっては、米国的成果主義とともにサラリーマンの人材流動化が叫ばれ、この企業年金問題にもメスが入ってきたことになります。

そこで、会社員の流動性が高い米国の年金事情を見ると、「401(k)」と呼ばれる、持ち運び便利な年金制度があることに気がついたのでしょう。

わが国では、年金受給資格を獲得する前に企業を去ると、それまで積み立てたファンドを現金で支給され、年金での支給は得られませんでした。

したがって、転職を繰り返すと企業年金を得ることができず、不利になることから、社外によい職場があったとしても躊躇していました。

しかし、米国の401(k)型であれば、貯め込んだ年金資金を持ってどこへでも移動できることになります。これにヒントを得たのが、「**日本版401(k)**」です。

この401(k)に途中で加入すると、これまでの企業年金方式では運用ができないので、運用は自己責任のもとで行ってくださいとなっています。

米国では、子どもから投資教育がなされていますが、企業の従業員にも投資教育を施しながら、いわゆるカフェテリアのように、金融商品を投資信託のような仕立てにして、自分で選択させます。

そもそも長期投資なので、株式、債券、外国株、何でも分散すれば有利だという投資理論に基づいてポートフォリオを組むのが原則で、受益者自ら指示を出します。

この「ポートフォリオ」とは、本来は紙のフォルダーのことでしたが、金融の世界では「投資目録」のことを指します。念のため。

＊「確定給付型」と何が違うの？

もう一度おさらいをすると、決まった金額の年金をもらえるのが、これまでの「確定給付型年金」です。この方式はデフレにも強く、受給者にはいろいろ安心ですが、企業側にしてみれば、受給者の「長生きリスク」もあり、高金利時代に約束した証文なので不利となります。

一方の**「確定拠出型年金」（DC年金）は、受給者の年金額は自分の努力の結果**ということになります。自己責任です。転職者にも不利はありません。

米国では、個人金融資産における現預金の比率がきわめて小さいのは有名ですが、わが国では逆に、半分強が現預金です。同様に、日本に導入された401(k)も定期預金などが多く、せっかくの長期運用のチャンスを生かせていないようです。

今後に期待したいと思いますが、このまま彼らが定年を迎えた場合、金利がほぼゼロの定期預金で運用した結果はとても悲しいことになるかもしれません。

これは超コンサバ運用なので元金を割ることはないと思いますが、長期資金向けのポートフォリオを作るべきでしょう。**基本は、株式を適度に組み込んだ分散投資が王道となります。**

ギリシャ政府は金融危機で、ＩＭＦとＥＵから年金支給額の削減を迫られています。一方で、ソ連邦最後の首相であるゴルバチョフの年金額はロシアの通貨ルーブルの下落で、米ドル換算で１か月数ドルになってしまったという報道を読んだことがあります。

しかし、日本や欧米先進国はデフレ状態であるため、10年前の30万円も今年は40万円の価値があるということになります。年金支給額はほぼ一定なので、大企業の退職者は、年々豊かになっています。**デフレ下では、お金の価値が日に日に上がるのです。**

その分、年金債務は若者の肩にずしりとのしかかり、この傾向はますます顕著になっていきます。そこで出てきたのが**日本版401(k)**です。この方式をとると、**受取年金額は運用次第でよくも悪くもなる**わけです。

すなわち、旧来型は、給付金額を事前に決定しており、不足分は受給者以外の誰かが支払うことになるスタイルだったのですが、401(k)では、決まっているものは、将来の受給者の毎月の支払金額だけです。

DC(Defined Contribution)と英語で言いますが、「決まった貢献」という意味ぐらいになるでしょう。

これまで、日本的経営で「日本株式会社」ともいわれるシステムのもと、労働者は企業に入り、一流企業などでは60%が社内結婚で、結婚後女性は退職し、3号保険者というサラリーマンの妻として家庭を守り、夫が60歳の定年になると、公的年金のほかに、定額の企業年金が終身で支給されるシステムができていました。

やるじゃん。

CHECK POINT

「確定拠出型年金」のメリットは何ですか？

そして、グローバルスタンダードや成果主義という美名のもとに、いろいろなものがなくなりました。いわゆるフリーランチ（タダめし）はもう存在しないのです。

今回の確定拠出型年金は、投資対象をうまく選択できれば、いい制度でしょう。

それに、投資について学ぶ絶好のチャンスにもなります。みなさんも定期預金にしないで、果敢にリスクを取りましょう。

40年後、花は咲きます。もちろん自己責任で、ですが！

NUMBER 5

百貨店から「GMS」、そしてドン・キホーテへ

私たち消費者が、日常生活で大変お世話になっているのが「小売業」です。人類の歴史では物々交換の次に登場したのでしょうか。

小売業は身近すぎて気がつきにくいのですが、ときどきカテゴリーキラーやゲームチェンジャーが現れてビジネスのスタイルを変えています。

＊小売業のはじまりは日本だった

そもそも、値段がついたものを安心して買うようになったのは、ここ数百年のことのようです。著名な経営学者フィリップ・コトラーのマーケティングの定番教科書には、日本の江戸時代、日本橋の越後屋（三越）で正札現金販売が始まったと出ています。

当時にあっては、三越の現金掛け値なしの販売方式は、世界的に見て革命的なことだったのでしょう。

その後、フランスのパリでも革命的なことが起きます。

パリのパレ・ロワイヤルにはギャラリーがあり、いろいろな店が軒を連ねていました。アイスクリーム屋や弁護士事務所まで入っていて、モーツァルト少年も、そこでアイスクリームを楽しんだようです。

１７８９年７月のフランス革命前日、市民たちはそこに事務所を構える弁護士に相談し、彼のアドバイスで政治犯が留置されていたバスティーユを襲い、革命の発端となりました。

その後、倉庫のようなところで、平均的サイズの各種スーツやオーバーを注文もないのにつくって顧客に販売したのが、デパート・百貨店の始まりだといわれています。


それ以降、この方式の小売は世界を席巻し、１９７０年代まで、最も重要なチャンネルとなりました。今ではこの百貨店は、日本では見る影もなく、売上の減少と廃業のニュースが続いています。

最近は、日本橋地区の再開発で、地区の人出は2割程度増加しているにもかかわらず、伝統ある日本橋三越本店の売上増加はほとんど見られないそうです。

一方、**伊勢丹の本店の売上は一日7億円もある**ようで元気ですが、これは例外。消費者にとっては、すでにデパートで買うものがなくなったといわれて久しいのです。

＊ GMS、スーパーマーケットの興亡

デパートの次に台頭したのが、ダイエーやイトーヨーカドーに代表されるGMS（「総合スーパー」のことをプロはこう呼びます）です。日本各地で誕生し、急成長しました。

一時は、株式市場でも大人気。スーパー業界の銘柄は例外なく市場の寵児となり、

外国で時価発行が行われるなど、日本を代表する銘柄となったのです。

もっとも、百貨店も三越株が特定銘柄として売買されていた時期もあるわけですから、栄枯盛衰は世の常といえるでしょうか。

外国でも同時期に、ＧＭＳがＥＤＬＰ（everyday low price）をモットーに成長していました。

わが国のＧＭＳは、コンビニなどの新業態を生み出しながらも生き延びてきましたが、昨今、ダイエーやヤオハンなどが破綻し、イトーヨーカドーやイオンが数十の店舗を閉鎖すると発表しています。米国の投資家などは、もっと店舗を閉鎖したら株を買う、というメッセージを送っているようです。

百貨店と専門店というカテゴリーの間に生まれた**スーパーマーケットも、1996年の業界年間売上17兆円をピークに19年続けて減少トレンドをたどり、**その後大きな回復もなく13兆円程度にとどまっています。業界全体の利益も、すずめの涙となっています。

しかし、95ページでもお話ししましたが、スーパーの売上を商品セクターごとに見ると発見があります。

1996年に売上全体が天井を打ったあと、衣料品はさらに激しく売上を落とし、4兆円規模から1兆円強に一直線で減少しています。

その反対に、食品部門は同期間に売上の減少は見られず、むしろ徐々に増加しているのです。

言い換えれば、衣料品は、安くてセンスがましなユニクロで買い、食べ物はご近所のスーパーで買うという消費者の行動が見えてきます。ユニクロを展開しているファーストリテイリングも、カテゴリーキラーであり、ゲームチェンジャーだといえるでしょう。

同様な傾向のなか、食品に強いスーパーもいくつかあります。食品しか扱っていない食品スーパーも存在します。これらは、スーパー不況の影響は受けていません。

＊ そして、ドン・キホーテの登場

小売業のなかで、いま売上も利益も伸ばしているのは、あの「ドン・キホーテ」です。彼らもカテゴリーキラーといえるでしょう。

圧縮陳列とよばれる、ごちゃごちゃの陳列や買いにくいレイアウトが有名で、これまでのスーパーマーケット理論にすべて反しているように見えます。

でも、今では**三越伊勢丹と時価総額や利益で肩を並べている**のです。

ドン・キホーテでは、20時から24時に売上がピークになるのも特徴的。ドン・キホーテはゲームセンター、カラオケ、パチンコの延長線上にあるという説もあります。ショッピングという「エンターテイメント」を提供しているということなのでしょう。

お客さまに、値段ではなく、品質でもなく、「当面、必要でもない商品」を買って楽しんでもらうというアプローチです。壁にぶち当たったかに見えても、「**インバウンド戦略**」、特に中国からの観光客による〝爆買い〟でも商機を見いだし、ビジネスを拡大しています。

商売とは、「安く仕入れて高く売る」ことだけではないのです。

やるじゃん。

CHECK POINT

スーパーマーケットの業界年間売上は何兆円ぐらいですか？

おわりに

パスカルが言うように、すべてを理解することは不可能です。それならば、あらゆることを少しずつ知ってみましょう――そんなスタンスで、みなさんに日本経済に少しずつ興味を持ってもらえるような話をしてきました。

本書はまれにみるアバウトな本ですが、一度読みはじめれば最後のページまで読み進められたと思います。

そのあとで、日経新聞や本格的な経済書を手に取ると、違和感なく中身が頭にすいすい入っていくことを実感できるでしょう。

ところで、アジアで初のノーベル賞を取ったのは日本の湯川博士ではなく、インドの哲人・タゴールです。タゴールは21世紀を予見して、以下のようなことを言っています。

1. 原則なき政治
2. 道徳なき商業
3. 労働なき富
4. 人格なき教育
5. 人間性なき科学
6. 良心なき悦楽
7. 犠牲なき宗教

現在、周りを見渡すと、１００年も前のこの予言がいかにそのとおりになっているかに驚きます。本書では、そんな社会を生き抜いていかなければならないみなさんに、これだけは知っておいてほしいということを選んだつもりです。

この21のことを知っておきさえすれば、一生涯、荒波をものともせず渡っていけるようになります。

ただし、この21の議論は、大変に大まかで、なおかつ数字は、原則として2016年1月現在のものです。何度も言いますが、**最新の数字にアップデートしないと、所期の成果は期待できません。**

でも、一度この21のことを頭に入れてしまえば、日常生活を送るうえで自然に最新の数字が頭に入ってくるようになりますので、心配は不要です。

最後になりましたが、いま始まったばかりのみなさんのビジネスライフにエールを送ります。

YARUJAN BOOKS

社会人1年目からの　とりあえず

日経新聞が読める本

発行日　2016年3月30日　第1刷

Author　山本博幸

Book Designer　北田進吾、佐藤江理（キタダデザイン）
Illustrator　蛭子能収

Publication　株式会社ディスカヴァー・トゥエンティワン
〒102-0093　東京都千代田区平河町2-16-1
平河町森タワー11F
TEL　03-3237-8321（代表）
FAX　03-3237-8323
http://www.d21.co.jp

Publisher　干場弓子
Editor　三谷祐一

Marketing Group Staff　小田孝文　中澤泰宏　片平美恵子　吉澤道子　井筒浩　小関勝則　千葉潤子　飯田智樹　佐藤昌幸　谷口奈緒美　山中麻吏　西川なつか　古矢薫　米山健一　原大士　郭迪　松原史与志　蛯原昇　安永智洋　鍋田匠伴　榊原僚　佐竹祐哉　廣内悠理　伊東佑真　梅本翔太　奥田千晶　田中姫菜　橋本莉奈　川島理　倉田華　牧野類　渡辺基志

Assistant Staff　俵敬子　町田加奈子　丸山香織　小林里美　井澤徳子　藤井多穂子　藤井かおり　葛目美枝子　竹内恵子　清水有基栄　川井栄子　伊藤香　阿部薫　常徳すみ　イエン・サムハマ　南かれん　鈴木洋子　松下史　永井明日佳

Operation Group Staff　松尾幸政　田中亜紀　中村郁子　福永友紀　山﨑あゆみ　杉田彰子　安達情未

Productive Group Staff　藤田浩芳　千葉正幸　原典宏　林秀樹　石橋和佳　大山聡子　大竹朝子　堀部直人　井上慎平　林拓馬　塔下太朗　松石悠　木下智尋　鄧佩妍　李瑋玲

Proofreader　株式会社鷗来堂
DTP + 図版作成　キタダデザイン + ISSHIKI
Printing　大日本印刷株式会社

ISBN978-4-7993-1849-2